主 编 林仁华 张辉灿
分册编著 韩庆贵

U0747061

决定两军命运的大决战
淮海战役

广西科学技术出版社

图书在版编目（CIP）数据

决定两军命运的大决战：淮海战役 / 林仁华，张辉灿主编. —南宁：广西科学技术出版社，2012.8（2020.6 重印）
（中外战争传奇丛书）
ISBN 978-7-80666-462-9

Ⅰ. ①决… Ⅱ. ①林… ②张… Ⅲ. ①淮海战役（1948～1949）—青年读物②淮海战役（1948～1949）—少年读物 Ⅳ. ① E297.4-49

中国版本图书馆 CIP 数据核字（2012）第 203190 号

中外战争传奇丛书
决定两军命运的大决战
　　——淮海战役
林仁华　张辉灿　主编

责任编辑 赖铭洪		**封面设计** 叁壹明道	
责任校对 梁　炎		**责任印制** 韦文印	

出　版　人　卢培钊
出版发行　广西科学技术出版社
　　　　　（南宁市东葛路 66 号　邮政编码 530023）
印　　　刷　永清县晔盛亚胶印有限公司
　　　　　（永清县工业区大良村西部　邮政编码 065600）
开　　　本　700mm×950mm　1/16
印　　　张　12
字　　　数　155千字
版　　　次　2012 年 8 月第 1 版
印　　　次　2020 年 6 月第 5 次印刷
书　　　号　ISBN 978-7-80666-462-9
定　　　价　23.80 元

本书如有倒装缺页等问题，请与出版社联系调换。

主 编 的 话

　　国防教育是建设和巩固国防的基础，是增强民族凝聚力、提高全民素质的重要途径，是直接关系到国家安危和民族兴亡的大问题。我们国家对国防教育都很重视。早在抗日战争时期，毛泽东就把"国防教育"列为"实现坚决抗战的办法"之一。新中国成立后，又提出要在全国人民中间深入进行爱国主义教育和国防教育，号召大家"提高警惕，保卫祖国"。改革开放以来，邓小平同志多次强调要加强对公民特别是青少年进行国防教育，发扬爱国主义精神和革命英雄主义精神。江泽民同志对新形势下的国防教育有过一系列精辟的论述。他深刻指出："只要国家存在，就有国防，国防教育就要长期进行下去，作为公民的终身教育来抓。"他还强调"越是在和平建设时期，越要宣传国防建设的意义，克服和平麻痹思想，增强人民的国防观念"。

　　为加强和普及国防教育，提高全民的国防观念和军事科技素质，2001 年 4 月 28 日我国以《中华人民共和国主席令》（第 52 号）颁布了《中华人民共和国国防教育法》。《中华人民共和国国防教育法》明确规定："学校的国防教育是全民国防教育的基础，是实施素质教育的重要内容"，"小学和初级中学应当将国防教育的内容纳入有关课程，将课堂教学与课外活动相结合，

对学生进行国防教育"。"高等学校应当设置适当的国防教育课程，高级中学和相当于高级中学的学校，应当在有关课程中安排专门的国防教育内容，并可以在学生中开展形式多样的国防教育活动"。

为了贯彻执行《中华人民共和国国防教育法》的规定，配合学校开展国防教育，提高学生的国防观念和素质，我们与广西科学技术出版社合作，特约军事科学院的十几位专家，编写了这套《中外战争传奇》丛书，陆续向全国发行。

这套丛书根据目前我国初中、高中历史课本和语文课本中提到的若干战争、战役，从中选择了一些对历史进程有重大影响的内容编写而成的。

这套丛书在编写上有自己的特色，即立意新颖，构思巧妙，选材精当，内容真实，主题明确，条理清晰，语言通俗，形式独特。每本书都以故事命题，由三四十个故事构成，人物和事件结合在一起，图文并茂，约 13 万字。每本书在前面都有一个内容提要，使读者一目了然地了解一场战争或一个战役的全貌。

在这套丛书的传奇故事中，主要是记述广大军民谋求人民解放、民族独立、反抗侵略、保家卫国的光辉事迹。书中既有统帅、名将的高超谋略、英明决策和指挥艺术，又有广大官兵的英勇善战、不怕流血牺牲和积极的献计献策；既有用兵如神、出奇制胜的成功经验，又有一着不慎、满盘皆输的失败教训；既有集中兵力、以众击寡的常规韬略，又有以弱制强、以少胜多的制胜方略；既有屡战屡败、关键一仗取胜而决定战争命运的经验，又有连打胜仗、关键一仗败北而导致全军覆没的教训；既有居安思危、有备无患的经验，又有忘战必危、亡国亡军的教训等等。这些内容丰富、情节生动、事迹感人、引人入胜的传奇故事，作者以生动、形象的描述，通俗的语言，流畅的文笔整理成书，奉献给读者。这对加强全民国防教育，使读者特别是青少年增长军事知识，启迪谋略能力，发扬爱国主义精神，增强国防意识和爱军尚武思想，都会有极大的促进作用。

由于我们水平有限，对国防教育的需求了解不足，不当之处，在所难免。敬请读者和专家、学者及时提出批评、指正，以利于我们在后续工作中改进。

林仁华　张辉灿

淮海战役

公元 1948 年 11 月 6 日至翌年 1 月 10 日，中国人民解放军在以徐州为中心，东起海州，西止商丘，北至临城，南达淮河的广大地区，进行了伟大的淮海战役。

淮海战役是在中国人民解放战争战略决战胜利展开之际发动的。国民党反革命军队南线主力猥集徐、海、蚌地区，妄图阻止人民解放军南下，屏障反动统治巢穴南京，疯狂挣扎，企图挽救其垂死命运。华东、中原两大野战军和华东、中原、华北的地方武装共 60 余万人，在中国共产党中央委员会和毛泽东主席的英明领导下，会师淮海，决战中原，以气吞山河之势，首歼海州西撤敌军劲旅于碾庄圩，继歼豫南来援重兵于双堆集，再歼徐州倾巢西逃敌军主力于永城地区。在强大的军事打击和政治攻势面前，敌军四个半师先后起义。这次战役，人民解放军浴血苦战 65 昼夜，共歼灭敌军 5 个兵团、22 个军、56 个师，计 55.5 万余人。至此，蒋匪南线精锐部队被歼净尽，江淮、河汉广大地区宣告解放。这一战役，连同辽沈战役、平津战役两大战略决战的伟大胜利，从根本上动摇了美帝国主义扶植下的蒋家王朝的反动统治，为中国人民解放军横渡长江、直捣南京、席卷江南、解放全中国奠定了胜利的基础。

淮海战役的胜利，是毛泽东同志伟大军事思想的光辉体现，是人民解放军和广大人民艰苦奋斗、英勇善战的结果。战役中，参战部队全体指战员敢于打大仗、打硬仗，不怕敌人的飞机、大炮、坦克、毒气，冒风雪，涉冰河，架人桥，闯火阵，逐村逐屋激战，一沟一堡争夺，前仆后继，奋不顾身，表现了一往无前、压倒一切敌人的英雄气概。被解放的蒋军士兵，立即加入人民解放军行列，控诉国民党反动派的罪行，调转枪口，杀敌立功。华东、中原、华北地方党政机关和广大人民全力支援，要人有人，要粮有粮；200万民兵、民工，冒枪林弹雨，忍风雪饥寒，千里远征，随军转战，为战役的胜利做出了巨大的贡献。

淮海战役中，许多中国人民的优秀儿女为人民解放事业献出了宝贵的生命，立下了不朽的功勋。烈士们的高风亮节，激励着我国人民在建设社会主义和共产主义的壮丽事业中奋勇前进！

英雄们的伟大业绩与日月争辉！

烈士们的革命精神万古长青！

——摘自《淮海战役烈士纪念塔碑文》

人民的胜利

毛泽东

一九四九年毛泽东主席为《中国人民解放军战争三年战绩》一书的题词

淮海战役总前委员刘伯承、陈毅、邓小平、粟裕、谭震林五人群雕

淮海战役纪念馆

淮海战役纪念馆前厅

反映淮海战役惨烈战斗场景的油画

雄伟的淮海战役烈士纪念馆

淮海战役烈士纪念塔及正门（北门）远眺

碑林

江泽民总书记参观淮海战役烈士纪念塔

朱镕基总理参观淮海战役烈士纪念塔

淮海战役徐州地区示意图

淮海战役前敌我态势图

（1948 年 11 月 5 日）

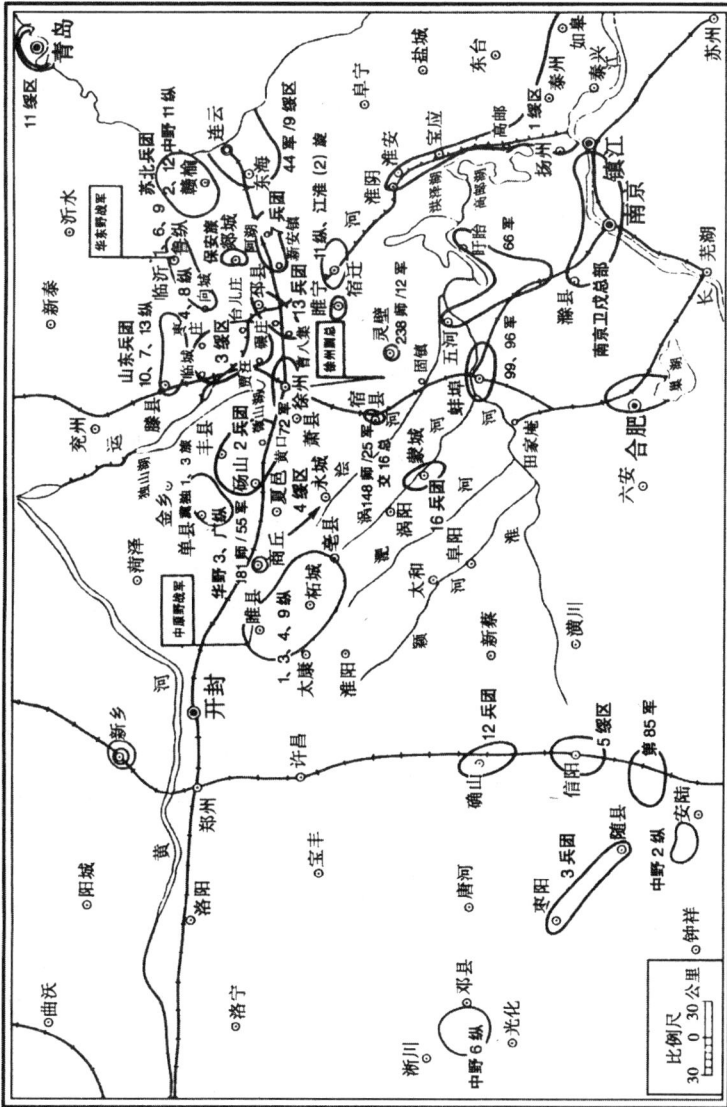

注：因图位不够，图中部队番号均采用阿拉伯数字。

淮海战役第一阶段经过要图

(1948年11月6日~11月22日)

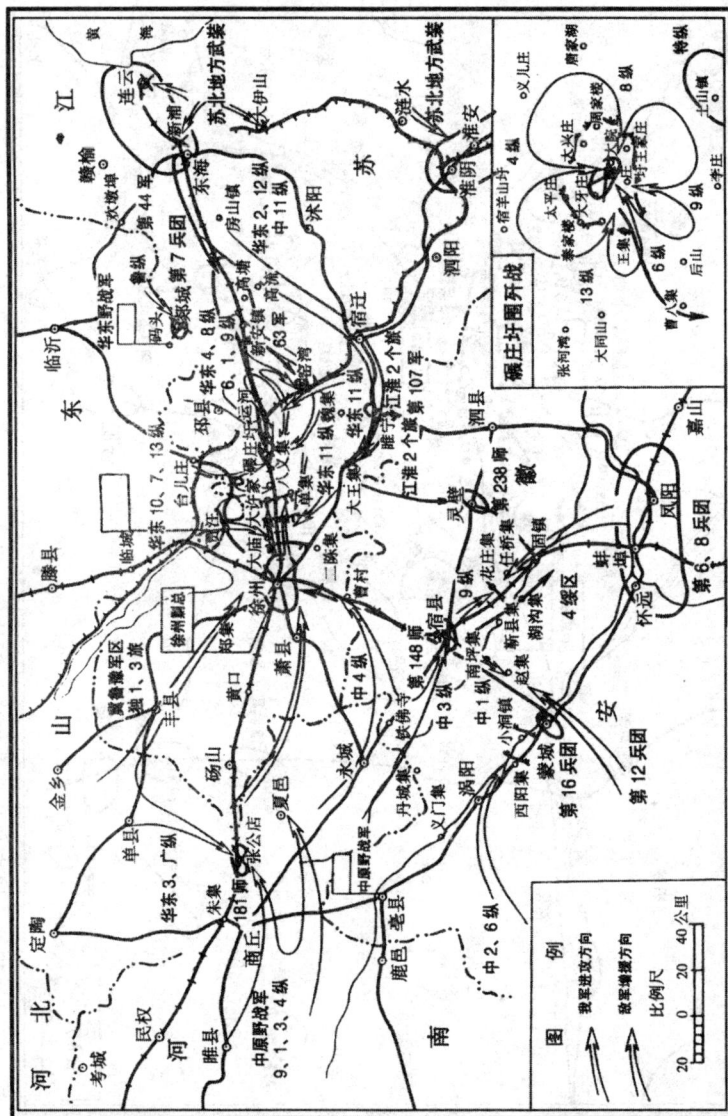

淮海战役第二阶段经过要图
（1948 年 11 月 23 日～12 月 25 日）

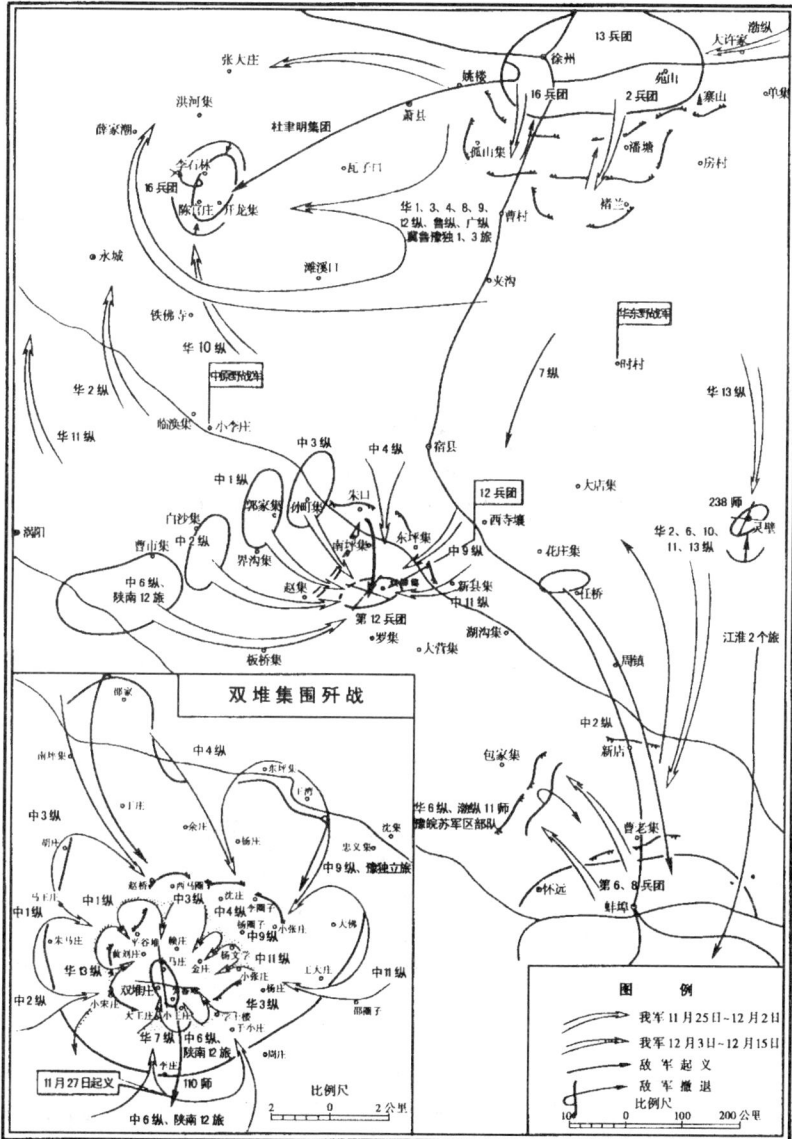

双堆集围歼战

图　例

我军 11 月 25 日～12 月 2 日
我军 12 月 3 日～12 月 15 日
敌军起义
敌军溃退
比例尺

淮海战役第三阶段经过要图

（1949 年 1 月 6 日～10 日）

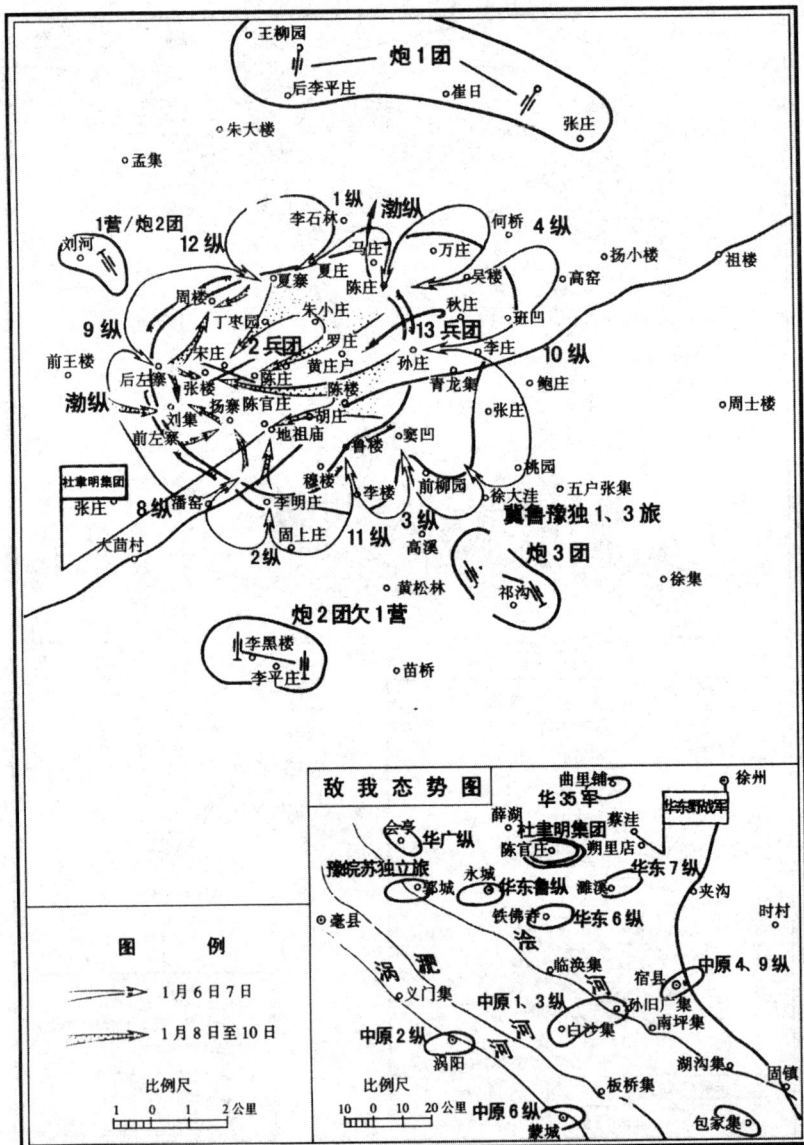

王柳园
炮1团
后李平庄 崔日 张庄
朱大楼
孟集
1营/炮2团 李石林 1纵 渤纵 何桥 4纵
刘河 12纵 夏寨 夏庄 马庄 万庄 扬小楼 祖楼
周楼 陈庄 吴楼 高窑
9纵 朱小庄 秋庄 班凹
前王楼 丁枣园 2兵团 罗庄 13兵团 李庄 10纵
宋庄 黄庄户 孙庄 鲍庄 周士楼
后左寨 张楼 陈庄 青龙集 张庄
渤纵 扬寨 陈官庄 刘集 窦凹 桃园
前左寨 地祖庙 鲁楼 前柳园 徐大洼 五户张集
杜聿明集团 穆楼 李楼 冀鲁豫独1、3旅
张庄 8纵 潘窑 李明庄 3纵 高溪 炮3团
大苗村 2纵 固上庄 11纵 黄松林 祁沟 徐集
炮2团欠1营
李黑楼
李平庄 苗桥

敌 我 态 势 图

曲里铺 徐州
华35军
会亭 华广纵 薛湖 杜聿明集团 蔡洼 华东野战军
豫皖苏独立旅 郑城 永城 陈官庄 朔里店 华东7纵
毫县 华东鲁纵 濉溪 夹沟
铁佛寺 华东6纵 时村
临涣集 中原4、9纵
义门集 中原1、3纵 宿县 孙旧集
白沙广 南坪集
中原2纵 涡阳 板桥集 湖沟集
涡 固镇
河
中原6纵 蒙城 包家集

图 例

╼━━▷ 1月6日7日

◅━━━ 1月8日至10日

比例尺
1 0 1 2公里

比例尺
10 0 10 20公里

10

目录
CONTENTS

ZHONGWAIZHANZHENGCHUANQICONGSHU

一、东方破晓

20世纪上半叶，辽阔的中华大地始终弥漫着战争的硝烟。军阀纷争的连年战火，侵略者铁蹄的恣意践踏，使这片曾诞生过世界四大发明的古老而文明的土地变得千疮百孔，民不聊生。灾难深重的中华民族多么希望能过上幸福宁静的生活啊！

"帝国主义和一切反动派都是纸老虎！"

1945年8月15日，日本侵略者投降了。经过14年的浴血奋战，中国人民终于迎来了这一天。中华大地沉浸在一片欢乐之中。

然而，中日战争的硝烟尚未散尽，国内战火又起。以蒋介石为首的国民党反动派不顾全国人民追求和平民主的强烈愿望，悍然向中国共产党领导下的人民解放区发动进攻。在血与火的锻炼中成长起来的共产党人清醒地认识到，和平不是等来的，民主也不是求来的，要使中国人民早日过上和平民主的幸福生活，只有努力，只有斗争。于是，对国民党军队向解放区的大举进攻，人民解放军奋起反击。全国解放战争全面爆发。

中国将向何处去？民族的希望在哪里？透过升腾而起的滚滚浓烟，中国人民，乃至全世界的人民都不约而同地把目光投向这场战争双方的最高统帅——毛泽东和蒋介石身上。

蒋介石，这位从黄埔军校校长登上中华民国总统宝座的独裁者，踌躇满志，得意扬扬地说："我们有空军，有海军，而且有重武器和特种兵……一定能速战速决。"他计划在 3～6 个月内，首先消灭关内解放军，然后再解决东北问题。他手下的将军们更是嚣张，他们狂妄地吹嘘：也许 3 年，至多 5 年，就能解决整个中共。

毛泽东，这位布衣书生出身的中共中央主席和中共中央军委主席，大手一挥，掷地有声地说："帝国主义和一切反动派都是纸老虎！"同时，又谆谆地告诫人们，打倒国民党需要 5 年、10 年，甚至更长的时间。

开战之初，国民党总兵力达 430 万人，其中正规军约 200 万人，由于接收了侵华日军 100 万人的装备和得到了美国大量的军

毛泽东与蒋介石的较量

事援助，因而拥有大量现代化的步兵武器、火炮和一定数量的飞机、军舰。同时，国民党统治着全国3/4的土地和3亿以上的人口，控制着大城市和主要交通线，拥有雄厚的人力、物力资源和近代工业，能够制造步兵武器、重炮及各种弹药。此外，还得到美国政府在军事和财政上的巨大援助。而人民解放军总兵力只有127万人，其中，中原野战军仅61万人。武器装备主要是抗日战争时期从日军和伪军手中缴获的步兵武器和为数很少的火炮。解放区的人口仅1亿多，经济上主要是农业和手工业，没有外援，全靠自力更生；军工生产极为薄弱，远远不能满足大规模作战的需要。

在这种情况下，蒋介石采取了速战速决战略方针，用占其全部正规军80%，约160万人的兵力，向共产党领导下的各解放区发起全面进攻。

面对力量相差如此悬殊的战争形势，国内有些人对中国共产党能否粉碎国民党的进攻表示怀疑；有些资产阶级代表人物主张以妥协退让换取"和平"；在国际上，有些人认为，国共两党这样打下去，中华民族将会有灭亡的危险，甚至还会导致第三次世界大战；在革命队伍内部，也有个别人在国民党强大的压力面前表现得软弱无能，不敢拿起武器进行革命战争。

在蒋介石的猖狂进攻面前，要不要打败蒋介石？能不能打败蒋介石？怎样打败蒋介石？这是摆在全国人民和中国共产党面前的一个首要问题。1946年7月20日，中共中央在《以自卫战争粉碎蒋介石的进攻》的指示中指出："我们是能够战胜蒋介石的"，"全党同志和全解放区军民，必须团结一致，彻底粉碎蒋介石的进攻"。党中央和各解放区开动一切宣传机器，不断地揭穿蒋介石发动内战的阴谋，反复告诫全党全军全民：我们必须打败蒋介石，因为蒋介石发动的战争，是一场在美国支持下反对中华民族独立和人民解放的反革命战争，在这个时候，如

果我们表示妥协，表示退让，不敢坚决地起来用革命战争反对反革命战争，中国就将变成黑暗的世界，我们民族的前途就将被断送。我们能够打败蒋介石，因为蒋介石的军事优势，是暂时起作用的因素，而战争的性质和人心的向背，则是经常起作用的因素。毛泽东指出："我们所依靠的不过是小米加步枪，但是历史最后将证明，这小米加步枪比蒋介石的飞机加坦克还要强些。虽然在中国人民面前还存在着许多困难，中国人民在美国帝国主义和中国反动派的联合进攻之下，将要受到长时间的苦难，但是这些反动派总有一天要失败，我们总有一天要胜利。"同时，他还通过美国记者安娜·路易斯·斯特朗向全世界宣告："帝国主义和一切反动派都是纸老虎。"

为了转变敌强我弱的形势，粉碎国民党的进攻，毛泽东和

决战前夕的毛泽东

他的战友们制定了"以歼灭国民党有生力量为主而不是以保守地方为主"的积极防御战略方针，并提出"集中优势兵力，各个歼灭敌人"的作战方法。在作战部署上，要求集中6倍、5倍、4倍，至少是3倍于敌人的绝对优势兵力，选择敌人较薄弱的一点，将敌歼灭，然后迅速扩大战果，达到全歼敌人的目的；在作战形式上，以集中兵力打运动战为主，以分散兵力打游击战为辅，力求在运动中歼灭敌人；在作战目标上，以歼灭敌人有生力量为主要目标，不以保守或夺取地方为主要目标。这样，通过积小胜为大胜，从局部优势转变为全局优势来加速敌我力量对比的变化，从根本上扭转战局。

在上述作战方针的指导下，各解放区军民展开了大规模的运动战，很快顶住了蒋介石的全面进攻。

从1947年3月开始，蒋介石在全面进攻受挫的情况下，被迫改全面进攻为重点进攻，在晋冀鲁豫、晋察冀、东北等战场暂取守势，集中94个旅对陕甘宁和山东解放区实施重点进攻，企图在消灭这两区的人民解放军后，再在华北战场与解放军决战，进而占领东北。

针对国民党军队的重点进攻，毛泽东和党中央决定继续执行积极防御的战略方针。在陕北、山东战场，实行诱敌深入，集中优势兵力，逐批歼灭进犯之敌的战术；在其他战场，举行战略性反攻，收复失地，消灭和牵制敌人，配合陕北、山东解放区粉碎敌人的进攻。

人民解放军经过一年的内线作战，粉碎了国民党军队的全面进攻，基本上挫败了国民党军队的重点进攻，使全国的军事、政治形势发生了重大的变化。人民解放军的总兵力发展到195万多人，其中正规军达到近100万人；部队的武器装备也因大量缴获敌军军火而得到很大改善；由于不需分兵守卫后方供给线和城市，机动兵力大大增强；山东和陕北战场已度过最困难的时期，其他战场则先后开始了内线反攻，并取得了战争的局部主动权；指战员士气高昂，指挥艺术和军事素养都有了很大提高。

与此形成鲜明对照的是，国民党军队的总兵力已由战争之初的 430 万人降为 373 万人。其中，正规军虽然还保留 248 个旅的番号，但人数已从 200 万人降为 150 万人，而且一半左右还是在遭到解放军打击后再重新补充或组建的，战斗力已被严重削弱。由于整师、整旅的被歼和大批高级将领的被击毙或被俘虏，蒋军士气已急剧下降，官兵当中充满着失败和厌战情绪。敌军 248 个旅中，有 92％的兵力，即 227 个旅用于进攻解放区。其中，用于华北、东北战场的 70 个旅，大多陷入对交通线路和重要据点的守备，能作战略机动的兵力为数寥寥；用于山东、晋冀鲁豫、陕北战场的 157 个旅，也大部分担负防御、守备任务，能作战略机动的兵力仅 40 个旅左右。在长江以南及西北新疆、青海、宁夏等 19 个省的境内，只有 21 个旅的兵力，作为战略预备队并担负维持战略后方安全的任务。由于重兵深陷于陕北和山东战场，在南线的鲁西南、豫皖苏边直至大别山区，兵力十分空虚，形成了两头强、中间弱的哑铃式的不利布局，其捉襟见肘、顾此失彼、兵力不足的弱点已暴露无遗。

挺进中原

中共中央根据国民党军两头强、中间弱、后方空虚的战略态势，毅然决定：不等完全粉碎敌人的进攻，不等解放军在数量上占有优势，立刻转入全国性战略反攻，即以主力打到外线去，将战争引向国民党统治区，在外线大量歼敌；同时，在内线继续作战，发动攻势，收复失地。经过多次审慎研究，中央军委决定了三军配合、两翼牵制的方针。三军配合是：以刘伯承、邓小平率领晋冀鲁豫野战军主力 13 个旅共 12 万人（亦称刘邓大军）为中路，实施中央突破，直取大别山；以陈赓、谢富治率领晋冀鲁豫野战军一部6万人（亦称陈谢大军）为西路，挺进豫西；以陈毅、粟裕率领华东野战军西线兵团（亦称陈粟大军）共7个纵队为东路，从鲁西南地区挺进苏豫皖地区。三路大军挺进中原，布成"品"字形阵势，互为犄角，吸引并歼灭回援之敌，将战线从黄河

刘伯承和邓小平

一直推进到长江以北，创建广大的中原解放区。两翼牵制是：以西北野战军出击榆林，吸引进攻陕北之敌北调；以华东野战军山东兵团在胶东地区展开攻势，牵制山东境内之敌。

1947年6月30日夜，刘邓大军以出乎敌人意料的行动，一举突破黄河天险，揭开了战略进攻的序幕。随后在鲁西南地区连续作战28天，歼敌6万多人，打开了南下的通道。接着，部队迈开大步，长驱南征，从国民党数十万军队的前堵后追中杀开一条血路，穿越宽达15公里，遍地积水淤泥的黄泛区，渡过沙河，抢渡汝河和淮河，经过20多天的艰苦行军和激烈战斗，在8月27日，全军进入大别山区。

刘邓大军的挺进，迫使国民党军队调动主力回援。围困大别山地区的敌军很快增加到30多个旅，约20万人。进至大别山区的刘邓大军，由于连续行军作战，极度疲劳，而且缺乏在南方作战的经验，加上刚到新区，政权还没有建立，群众还没有充分发动起来，粮食、服装和弹药奇缺，处境极为艰险。在这种情况下，刘邓大军以一部分主力坚持在大别山北麓就地展开，

另一部分主力向皖西、鄂东地区展开。部队坚决依靠当地的人民群众，艰苦作战，粉碎了国民党军队的轮番进攻，到11月，共歼敌3万多人，建立33个县的民主政权，初步打开了大别山地区的局面。

在刘邓大军千里跃进大别山之际，陈谢大军在8月下旬渡过黄河，挺进豫西。到11月底，歼敌5万多人，建立了39个县的民主政权，完成了在豫陕边地区的战略展开。与此同时，陈粟大军西线兵团6个纵队，也在9月越过陇海铁路南下，进入豫皖苏平原，执行外线作战任务。到11月下旬，先后歼敌3万多人，攻克县城30多座，完成在豫皖苏边地区的战略展开。

至此，三路大军都打到外线，布成"品"字形阵势，纵横驰骋于黄河以南、长江以北及西起汉水、东迄大海的广大地区。它们互为犄角，以鼎足之势，紧逼国民党的长江防线，直接威胁南京、武汉，把战线由黄河沿岸推进到长江北岸，使中原地区由国民党军队进攻解放区的重要后方，变成人民解放军夺取全国胜利的前进基地。三路大军的进攻，将国民党军南线全部兵力160多个旅中约90个旅调动和吸引在自己的周围，使敌人处于被动地位。

自1947年7月到1948年6月，人民解放军歼敌94个旅，连同非正规军一起共歼敌152万多人，收复和解放土地面积15.5万平方公里，收复和解放重要省会城市和县城164座，解放人口3700多万，把战线推进到了长江和渭水以北的国民党统治区。经过这一年的作战，人民解放军的实力和作战能力大大增强，总兵力发展到280万人，并组成了自己的炮兵和工兵，不但能够打运动战，而且能够打阵地战，并在攻克石家庄、运城、四平街、洛阳、宜川、宝鸡、临汾等国民党坚固设防的城市中学会了攻坚战术。

与解放军的情况相反，国民党军虽然经不断补充，总兵力仍有 365 万人，但正规军仅有 198 万人，且已被分割在东北、华北、西北、中原和华东战场上，相互间难以取得配合，没有完整的战线，战略上完全陷于被动。战场上屡遭失败，致使国民党军士气低落，军心动摇，战斗力大为下降。由于军费开支巨大，生产凋零，物价飞涨，经济已陷于空前的危机之中，加之蒋介石的独裁卖国，政治上十分孤立，国民党的统治正面临崩溃的局势。

"起死回生"成妄想

1948 年 8 月的南京，烈日炎炎，骄阳似火，大街小巷的梧桐虽然展着碧绿，但青白色的树干却显得那么单调，那么凝重；看上去，气象森严。

与梧桐树十分相似的国民党国防部，也显得格外森严，尤其是那青灰的楼门，更是灰暗无比。

国民党为了挽救岌岌可危的局势而召开的军事检讨会正在这里举行。

身着戎装的国防部长何应钦最先来到国防部礼堂。他站在门口，脸上没有笑容，向陆续而来的国民党高级将领们颔首致意。

因作战指挥不力而被免职在家休养的原参谋总长陈诚与新任的参谋总长顾祝同来了。陈诚表情肃穆，只向何应钦点了点头，背手而入。顾祝同强作笑容："吾兄别来无恙乎?"何应钦细长的眼眉微微地弯着，面部的肌肉松了一松，好不容易挤出一丝笑容。

卫立煌来了。日趋恶化的东北局势使这位东北"剿总"伤透了脑筋。他强打精神与何应钦寒暄了几句，便走到了自己的座位上。

9

白崇禧来了。这位有"小诸葛"之称的华中"剿总"刚被解除国防部长职务，心中怨愤犹存。他没有理睬何应钦，径直走进会场。

蒋介石照例最后一个进入会场。国民党军事检讨会在沉闷的气氛中开始了。

何应钦起身："请委员长训示。"

一身戎装、胸前佩挂青天白日勋章的蒋介石站了起来，两只眼里射出冷峻的光，好像探照灯似的到处搜索。然而，

国民党军事委员会委员长——蒋介石

他看到的都是与会将军们的一张张目光呆滞、神情颓丧的脸。

"同志们！"蒋介石极力使自己振作，同时希望大厅里他的上百位将领也振作起来，"过去3年来剿匪军事，我全体官兵牺牲奋斗，固然有若干成就，但就整个局势而言，则我们已无可讳言的是处处受制、着着失败，到今天不仅使得全国人民的心理动摇、军队将领的信心丧失、士气低落，而且中外人士对我们国军的讽刺诬蔑，令人实在难以忍受。自从总理领导革命以来，决没有经过这样危险的时代，也从来没有遭遇这样的耻辱。诚然，我本人应负主要责任，但是国军将领萎靡不振，没有克敌制胜的旺盛精神，以致上面的任何战略战术，都失去作用，都不生效力，也是一个原因。"

说到这里，他见下面的将军们开始交头接耳，窃窃私语，便把话题一转，说："本来抗战胜利后，我个人的事业就可告一段落，但是我担心你们搞不过共产党，不是共产党的对手，会

生活不下去，没有饭吃。为使党内同志和广大官兵能有生存权利，我才被迫勉强带领大家干。谁知我军许多将领信心不足，作战屡次失败，很不争气，使我非常为难。"

最后，他提出要"起死回生"，必须振奋精神。他说："我既已负起责任，我就一定为党内同志及官兵的生存而奋斗到底。你们各级指挥员万万不可有失败思想、悲观情绪。现在我们无论是海陆空军、交通运输，还是政治经济社会各方面的力量，哪一样不是超过共匪若干倍？共匪有哪一样够得上与我们相比？我们为什么要动摇信心，自甘失败呢？我个人蒙受如此的奇耻大辱，我仍然要百折不回，继续奋斗，毫不灰心，毫不气馁。望大家不要辜负我的期望，发愤图强，努力奋斗！"

之后，与会者就1948年上半年几个较大战役的失败，进行了检讨。

自内战爆发以来，南京军界召开过多次这样的军事会议，只有此次会议调子最低沉，蒋介石同以往所讲"中共全线溃逃，国军战果辉煌，各要塞固若金汤"不同，大讲国家的失败和中共即将发动的进攻，并且指出国民党军屡战屡败的主要责任是各战场上的指挥官指挥无方，下边作战不力，各级官员只知道劫收浮财，兵骄将傲，贪污腐化，沉湎于酒色之中。对此，蒋介石麾下的将领们目光里涌动着一种复杂的情感狂涛。总裁把两年来军事失利的原因归咎于前方众多将领精神不振，指挥不力，不肯好好地打，而对于统帅及统帅部的战略失误，调遣失策不作深刻反省，只是轻描淡写地点了一下就过去了。如此这般给会议定了调子，敢站出来提出与其相悖意见的人便不多了。他们虽然被总裁发自肺腑的凄然、沮丧和激愤所感动，但冷水当头淋浇，个个凉了半截，心情十分沉重。

这次大型的军事检讨会在这种复杂的气氛中开了5天。检讨会上摆出的诸多弊端，都如过河的卒子摆在棋盘上，与会的将领无人不知、无人不晓，然而又有什么灵丹妙药来医治呢？蒋介石想寻觅"良方"医治自身，无奈国民党及其军队如患了绝症的危重病人，任何药品都无济于事了。

为了给将军们打气，蒋介石再次亲自登台讲话。他说："我自黄埔建军20多年以来，经过许多艰难险阻，总是抱着大无畏的精神和百折不回的决心，坚持奋斗，终能化险为夷，渡过种种难关。自对共匪作战两年来，军事上遭受了挫折，这是不容讳言的事实。但今天更重要的是我们大家必须同心同德，共济时艰，抱定'有敌无我'，'有我无敌'的决心，激励士气，来挽救危机争取胜利，而不是要互相埋怨，互相倾轧。尤其我们这些高级负责人，更应坚定信心，处在危疑震撼之际，更宜力持镇静，绝不可有丝毫悲观失败的情绪和论调，以致影响士气，影响全面。"

蒋介石讲话之后，与会者一一发言，申诉本指挥单位处境的困难，向国防部要求增加部队，增加部队番号，要武器、要军粮、要器材车辆。

在会议的最后一天，参谋总长顾祝同提出一个新的战略。他说："为巩固长江以南地区，防止共军渡江起见，应暂时停止战略性的进攻，将现在长江以北、黄河以南地区的部队，编组成为几个较强大的机动兵团。将原有的小兵团概行归并。这几个兵团应设置于徐蚌地区、信阳地区、襄樊地区，其主要任务是防止共军渡江，并伺机打击共军，在长江以南地区迅速编练第二线兵团。"

国防部将上述军事战略概括为：军事上在东北求稳定，在华北求巩固，在西北阻匪扩张，在华东、华中则加强进剿，一面阻匪南进，一面打匪主力。

会后，散发了《为什么要剿共》的宣传品。蒋介石还同宋美龄一道宴请参加会议的人。望着将军们酒足饭饱之后远去的背影，蒋介石对他的妻子说，如果此次会议通过的"重点防御计划"挡不住中共的进攻，明年能不能在这里开会都成问题，到时恐怕死无葬身之地。

"部队向前进，生产长一寸，加强纪律性，革命无不胜"

恰好在国民党8月南京会议1个月之后，中国共产党中央政治局在西柏坡召开了会议。

西柏坡的9月是绿色的天地，到处被一片浓荫覆盖着，微风从山里吹过，给人送来阵阵清凉，把浓郁的枣香吹进了西柏坡村那5间相通的简陋房屋里。1948年9月8日至13日，毛泽东在这里组织召开了中共中央政治局会议。

会议气氛热烈、活跃。

会议首先由毛泽东作报告。他在分析了国际国内形势后说：

决战总动员

"我们的战略方针是打倒国民党，战略任务是军队向前进，生产长一寸，加强纪律性，由游击战争过渡到正规战争，建军 500 万，歼敌正规军 500 个旅，5 年左右根本上打倒国民党。"

会议就毛泽东提出的消灭国民党、建立新政权等问题展开了热烈的讨论。

周恩来说："消灭国民党军队，从 1946 年 7 月算起，大概要用 5 年的时间，这是根据两年来的经验，谨慎的估计。解放战争打了两年，我军从战略防御转入战略进攻，共消灭敌人正规军近 200 个旅，占国民党军总兵力的 $\frac{2}{5}$。今后按每年消灭 100 个旅左右计算，再有 3 年，歼敌 300 个旅，打倒国民党，应该是完全可能的。当然，我们对困难也要充分估计，好有精神准备。"

朱德接过话头说："为了实现 5 年胜利，要在全军高级将领中树立起打带决战性的大会战思想。看来，将来我军同国民党军战略决战性的大会战，最大的可能在徐州进行。"

刘少奇一根接一根抽着烟："主席的估计是稳健的，但也要估计到最好的可能性。从战争的第三年起，我军对蒋军的打击将愈来愈重，蒋介石可能垮得早些，我们的胜利来得快些。"

任弼时在发言中讲道："两年来人民解放战争的成绩，更加坚定了胜利的信心。如不犯大错，则 5 年左右胜利大概无问题。"所谓不犯大错，意即主席提出的军队向前进及生产长一寸。如向后退和落一寸，则成大问题。

邓小平向来思维敏捷，一针见血，素有"头脑敏锐"之称。他分析了"大约 5 年左右根本上打倒国民党"的战略决策，认为这个战略决策有一个"大约"，有一个"左右"，还有个"根本上"，这是从最谨慎的估计出发的，因而是稳健的，实际的，也是完全能够实现的。他说："军事胜利是决定性环节，可以在党内、在人民面前宣布毛主席的估计和计划，以兴奋、鼓舞人民群众。"

会议制定了5年左右打败蒋介石反动政府的总目标。这个总目标为：必须将全党全军的思想，统一到军队向前进，生产长一寸，加强纪律性，建军500万人，5年左右从根本上打倒国民党的战略轨道上来。保证5年胜利的关键，在于每年歼敌正规军100个旅左右。

会后，毛泽东为中共中央起草了《中共中央关于九月会议的通知》，将这次会议的基本情况和决定向全党通报。通知中强调：人民解放军第三年仍然全部在长江以北和华北、东北作战，以歼灭国民党部署在上述地区的占其现有全部军事力量的70%的第一线部队。并且指出：为了"使党的工作重心逐步地由乡村转到城市"和完成"夺取全国政权的任务"，应该迅速地、有计划地训练大批的能够管理军事、政治、经济、党务、文化教育等项工作的干部；"准备在1949年召集中国一切民主党派、人民团体和无党派民主人士的代表们开会，成立中华人民共和国临时中央政府"；恢复和发展解放区的工业生产和农业生产。

在充满热烈、自信和力量的气氛中，中共中央政治局会议闭幕了，将领们离开西柏坡，奔赴各个战场。

9月会议，为最后打倒蒋介石，夺取革命在全国的胜利做了重要准备，是与蒋家王朝进行大决战的总动员。

一场战略决战的序幕即将拉开。

二、山雨欲来风满楼

徐州，位于今我国江苏省，处于长江和黄河之间，以及津浦路和陇海路的交会点，是重要的交通枢纽，地理位置十分重要。辛亥革命元勋、卓越的军事家黄兴曾经说："南不得此（徐州），无以图山东，北不得此，无以窥江东，是胜负转战之地。"正是其优越的地理位置，使她饱受了战争的苦难。"自古彭城列九州，龙争虎斗几千秋！"这里的彭城指的就是徐州。自从尧封颛顼后裔彭祖于彭城建立大彭氏国以来，在这里发生的战争，仅有文字记载的，就有 400 余次之多。

中共中央 9 月会议后，人民解放军在各个战场向国民党军发起强大攻势。9 月 24 日，粟裕指挥华东野战军在中原野战军的配合下一举攻克国民党重兵固守的大城市济南，揭开了战略决战的序幕。

济南战役刚刚落下帷幕，国共两党便不约而同地把目光汇聚到了徐州。

"小淮海"，"大淮海"

在济南战役期间，粟裕始终盯着徐州这个国民党重兵集结的战略要地，监视着徐州之敌的一举一动。9 月 24 日，济南战役刚刚结束，粟裕便召集华东野战军司令部的领导开会，就下一步作战行动进行研究，很快形成了两个作战方案。

第一方案，进行两淮作战。以华东野战军苏北兵团加强1个纵队攻占淮阴、淮安并乘胜收复宝应、高邮，而华东野战军主力位于宿迁至运河车站沿线两岸，以歼灭可能来援之敌。如敌不援或被阻，而改经浦口至扬州北援，

战争年代的粟裕

则我于两淮作战结束前后，以3个纵队攻占海州、连云港，而后华东野战军全军转入休整。

第二方案，进行海州作战。仅以攻占海州、连云港等地为目的，并以主力控制于新安镇、运河车站南北及峄枣线，以备战姿态进行休整。

粟裕自己偏向于取第一方案，并把其称之为：淮海战役。张震也倾向于第一方案，与粟裕不谋而合。陈士榘等其他将领也认为第一方案比较好。粟裕决定将这两个方案同时上报中央军委，由毛泽东定夺，同时也发给了刘伯承、陈毅等。

9月25日，即济南战役胜利后的第二天，在中共中央所在地西柏坡，毛泽东一根接着一根地抽着烟，弄得他的起居室里烟气腾腾。

办公桌上摆着两份电报。一份是华东野战军代司令员兼代政治委员粟裕发来的；另一份是中原野战军司令员刘伯承发来的。电报中都提到了淮海战役，且刘伯承电报中的最后两行字

下面被重重地画上了红线，这两行字是：我们同意乘胜进行淮海战役，以第一方案攻两淮、吸打援敌为最好。

看着这两份电报，毛泽东想到了淮海战役方方面面的问题。毛泽东历来主张在战役战术上集中优势兵力对敌，他在著名的十大军事原则中提出，进攻作战每战要集中 3 倍以上的兵力对敌。战争的实践也反复证明，这个原则是正确可行的，是战争基本规律的反映。可眼下国民党军在淮海地区可能投入的总兵力达到 80 万人，而解放军最多只能集中 60 万人。60 万对 80 万，这个仗怎么个打法呢？万一我们的计划被蒋介石及其参谋班子识破，战略态势会出现什么样的变化呢？

"这是锅夹生饭呀！"

毛泽东不停地抽烟，一口接一口……进行淮海战役，无疑会改善中原战局，孤立津浦线，并逼使国民党军退守，至少要加强江边及津浦沿线，机动兵力将会进一步减少，这就为解放军将来的渡江南进提供了方便……战争为我军锻炼出了一大批优秀的指挥员，特别是淮海地区的刘伯承、邓小平、陈毅、粟裕、谭震林……华东野战军要南进打两淮，必须首先打掉黄百韬兵团这只拦路虎……

也许烟抽得多了，毛泽东觉得嗓子有点发干发痒。他顺手从桌子上端起茶杯，"咕咚咕咚"几大口把水喝干，并把杯子里的茶叶吮进嘴里。

"要敢吃夹生饭！"

这时，屋外传来了熟悉的脚步声。周恩来走了进来，朱德、刘少奇、任弼时紧随其后。暂短的寒暄之后，便围坐在地图周围研究起来。

会议开完了，毛泽东起草了一份给华东野战军，并告中原野战军的电文，在电文的报头上连画了 4 个 "A" 字，交给机要秘书。

毛泽东在电报中指出："我们认为举行淮海战役，甚为必要。目前华东野战军不需要大休整，待淮海战役后再进行一次休整。这个战役准备进行几个阶段的作战：第一个阶段的作战以歼灭可能即将自徐州地区东返新安镇地区布防的黄百韬第七兵团为目标；第二个阶段的作战是攻占淮阴、淮安、高邮、宝应地区；第三个阶段的作战是攻占海州、连云港、灌云地区。进行这三个阶段的作战是一个大战役，打得好，就可以歼灭国民党军十几个旅，可以打通山东与苏北的联系，可以迫使徐州方面的国民党军分散一部分兵力去保卫长江，而利于下一步进入徐州、浦口线上作战。"

应当说，此时的淮海战役，与后来真正的淮海战役相比，不论从力量规模，还是战场空间来看，都仅仅是一个小淮海。淮海战役总体设想的最终确立，是随着战场形势的发展变化逐步形成的。

在电文发出后的第三天，国民党黄百韬兵团开始返回新安镇地区，李弥兵团由徐州地区到徐州以东运河以西的碾庄、曹八集地区，而邱清泉兵团则由鲁西南成武、单县退回陇海路徐州以西的商丘、砀山地区。

根据敌人的情况，毛泽东认为，华东野战军要南进打两淮，必须首先打掉黄百韬兵团这只拦路虎，而要全歼黄百韬兵团，又必须能够挡住徐州东援之敌。于是，毛泽东在9月28日亥时电文中明确指出：淮海战役是第一个阶段的作战，并且是最主要的作战，要钳制邱、李两兵团，歼灭黄兵团。

十几天后，毛泽东经过缜密思考，于10月11日又就淮海战役的作战方针和具体部署，提出了极为重要的意见：

（一）本战役第一阶段的重心，是集中兵力歼灭黄百韬兵团，完成中间突破，占领新安镇、运河车站、曹八集、峰县、

毛泽东、周恩来、刘少奇在一起交谈

枣庄、临城、韩庄、沭阳、邳县、郯城、台儿庄、临沂等地。为达到这一目的，应以2个纵队担任歼灭敌1个师的办法，共以6个至7个纵队，分割歼灭敌二十五师、六十二师、六十四师。以5个至6个纵队，担任阻援和打援。以1～2个纵队，歼灭临城、韩庄地区李弥部1个旅，并力求占领临（城）、韩（庄），从北面威胁徐州，使邱清泉、李弥两兵团不敢以全力东援。以1个纵队加地方兵团，位于鲁西南，侧击徐州、商丘段，以牵制邱兵团一部（孙元良3个师现将东进，望刘伯承、陈毅、邓小平即速部署攻击郑徐线牵制孙兵团）。以1个至2个纵队，活动于宿迁、睢宁、灵璧地区，以牵制李兵团。以上部署，即是说要用一半以上兵力，牵制、阻击和歼敌一部，以对付邱、李两兵团，才能达到歼灭黄兵团3个师的目的。这一部署，大体如同9月间攻济打援的部署，否则不能达到歼灭黄兵团3个师的目的。第一阶段，力争在战役开始后2星期至3星期内结束。

（二）第二阶段，以大约5个纵队，攻歼海州、新浦、连云港、灌云地区之敌，并占领各城。估计这时，青岛之54师、32师很有可能由海运增至海、新、连地区。该地区连原有一个师将共有3个师，故我须用5个纵队担任攻击，而以其余兵力（主力）钳制邱、李两兵团，仍然是9月间攻济打援部署的那个原则。此阶段亦须争取于2个至3个星期内完结。

（三）第三阶段，可设想在两淮方面作战。那时敌将增加1个师左右的兵力（整八师正由烟台南运），故亦须准备以5个纵队左右的兵力去担任攻击，而以其余主力担任打援和钳制。此阶段，大约亦须有2个至3个星期。

三个阶段大概共须1个半月至2个月的时间。

（四）你们于11、12月完成淮海战役。明年1月休整。3月至7月同刘邓协力作战，将敌打至江边各点固守。秋季你们主力大约可以举行渡江作战。

同9月25日的电报相比，10月11日的电报将第二、第三阶段的作战目标作了较大调整，作战规模也有所扩大。计划中的淮海战役的规模，比济南战役规模更大，比豫东战役的规模也要大，可以说，是华东野战军自战争开始以来要进行的最大战役。要取得胜利，除使用华东野战军全部兵力外，还必须有中原野战军战略上、战役上的密切配合。

同日，毛泽东又致电中原野战军：蒋介石已令郑州孙元良兵团3个师东进，你们应即速部署以攻击郑（州）徐（州）线歼敌一部之方法，牵制孙兵团，否则孙兵团加到徐州方面将极大妨碍华东野战军的新作战。

遵照中央指示，陈毅、邓小平率中原野战军4个纵队向郑州开进，并于10月21日夜，突然包围郑州。郑州守军第十二绥靖区第四十军第一○六师、第九十九军第二六八师共1万余人，于22日拂晓弃城北逃。中原野战军第九纵队在华北第十四纵队等

部配合下，堵截追击，将国民党军1.1万多人歼灭在郑州以北地区，解放了郑州。

在解放军的威慑下，10月24日，国民党军第四绥靖区部队放弃开封，东撤蚌埠地区。中原野战军主力不费一枪一弹，解放了开封。

至此，河南省境内的洛阳、郑州、开封三大名城均获解放。这样，毛泽东在10月11日提出的淮海战役后华东野战军分为东西两兵团，西兵团协同中原野战军攻取菏泽、开封、郑州的设想，已经提前实现了。平汉、陇海两铁路枢纽为人民解放军掌握，为淮海战役创造了极为有利的条件。

中原野战军主力解放开封的当天，陈毅、邓小平就向中央军委提出了东进作战的三个方案。

第一方案，华东野战军发起战斗后，乘邱清泉兵团东进，而黄维兵团又离之较远时，中原野战军第一、第三、第四、第九纵队及华东野战军第三纵队、两广纵队抓住孙元良而歼击之，此着的好处，是歼孙元良1～2个师把握较大，还可能牵制邱清泉兵团一部。

第二方案，如孙元良兵团不好打，则以6日行程于9日、10日左右进至徐蚌线，执行中央军委原定任务。

第三方案，中原野战军主力进至商丘地区时，如黄维兵团3个师孤军东进，张淦兵团没有尾随，亦属歼击该兵团1～2个师之良机，但其缺点是协同东线困难，只能以华东野战军第三纵队、两广纵队打孙元良。

毛泽东收到陈毅、邓小平上述建议后，即于10月25日复电中原野战军：应从现地取捷径到蒙城集中，休息数日。然后直达蚌埠，并准备渡淮南进，占领蚌浦段铁路。控制淮河以南、长江以北、淮南铁路以东、运河以西广大地区，吸引敌人来攻。你们则忽集忽分，机动对敌，准备在该区坚持2～3个月。并指出：此着为敌人所不及料。敌为防我渡江，必从徐州附近分兵南压，亦有可能从白崇禧系统调兵向东。我华东野战军则可能于两个月内，歼灭刘峙系统55个师的$\frac{1}{3}$，即18个师左右，取得大胜。毛泽东在电报中还强调，如认为此策不便，则执行徐蚌作战方案。

陈毅、邓小平经过慎重考虑，认为中原野战军位于徐蚌线以西，既可以钳制徐州之敌，从战略上配合华东野战军作战，又可以根据战局发展，逐步向徐州以南推进，同华东野战军联合，遂行歼灭徐蚌地区之敌。中原野战军如果出淮南，则只能从战略上配合华东野战军作战。于是致电中央军委，以力求歼孙元良为第一要着，如不好打，则向宿蚌线进攻。

毛泽东于26日、28日两次复电陈毅、邓小平，并告刘伯承、李达和粟裕、谭震林，同意陈、邓不出淮南的意见，指出中原野战军主力在徐蚌线以西地区出现，对整个敌人威胁极大。这种威胁作用，胜过汴徐线上打一胜仗。

10月27日，中原野战军主力4个纵队（第一、第三、第四、第九纵队）由郑州地区东进，11月初进至睢县、柘城、毫县及商丘以南之间地区，从而形成了中原、华东两大野战军联合作战的格局。

10月31日，粟裕向中央军委建议，鉴于此次战役规模很大，请陈军长、邓政委统一指挥。

此时，恰值辽沈决战结束，徐州地区国民党军有撤退迹象。根据全国战局发展和华东战场敌我情况的变化，毛泽东毅然决定扩大原定的战役规模，同徐州"剿总"——国民党五大战略集团中最大、最强的战略集团进行战略决战，将其就地歼灭。

11月9日，毛泽东致电陈毅、邓小平、粟裕等人：

（一）徐州敌有总退却模样，你们按照敌要总退却的估计，迅速部署截断敌退路，以利围歼是正确的。

（二）陈邓直接指挥各部，包括一、三、四、九纵队，应直出宿县，截断宿蚌路，四纵队不应在黄口附近打邱清泉，而应迅速攻宿县，一纵队在解决一八一师后，应立即去宿县。华东野战军三、两广纵队的任务，是对付邱清泉，但应位于萧县地区，从南面向黄口、徐州线攻击，以便与宿县我军联结。如敌向南总退却时，则集中6个纵队歼灭之。

（三）粟陈张应令谭王集中第七、第十、第十三纵队及由南向北之十一纵队，以全力向李弥兵团攻击，用迅速手段歼灭该兵团的全部或大部，控制并截断徐州至运河车站之间的铁路，运东主力则歼灭黄兵团。

（四）只要以上几点办到，就能破坏敌人总退却的计划，使其遭我全部歼灭，并占领徐州。现在不是让敌人退至淮河以南或长江以南的问题，而是第一步（即现在举行之淮海战役）歼敌主力于淮河以北，第二步（即将来举行的江淮战役）歼敌余部于长江以北的问题。

（五）敌指挥系统甚为恐慌混乱，望你们按照上述方针，坚决执行，争取全胜。此时我军愈坚决，愈大胆，就愈能胜利。

为统筹一切，中央军委决定，以中原野战军司令员刘伯承、副司令员陈毅（仍兼华东野战军司令员、政治委员）、政治委员邓小平、华东野战军代司令员代政治委员粟裕、副政治委员谭震林组成总前委，刘、陈、邓为常委，邓为书记。同时，责成华东、华北、中原三大解放区以全力支援淮海前线，保证作战物资的供给。

这样，从 9 月 24 日粟裕建议举行淮海战役起，历经 40 天的调整变化，淮海战役由原定打淮阴、淮安，打海州、连云港，发展为以徐州为中心，在东起海州、西止商丘、北自临城（现薛城）、南达淮河的广大区域内，同国民党军进行一次战略性大决战。

经中央军委批准，华东、中原野战军确定如下具体部署：华东野战军以第一、第六、第九纵队、鲁中南纵队和苏北兵团指挥的第二、第十二纵队、特种兵纵队主力以及中原野战军第十一纵队，担任围歼新安镇地区的国民党第七兵团和割裂该兵团与国民党第十三兵团联系的任务；以第四、第八、第十一纵队和江淮军区两个旅围歼邳县、官湖、炮车等地的国民党第十三兵团一部，控制运河以东阵地，阻击敌第十三兵团东援，以第七、第十、第十三纵队，由山东兵团首长指挥，直出徐州东北台儿庄、贾汪地区，争取敌第三绥靖区部队起义，尔后进逼徐州，切断陇海铁路，占领有利阵地，阻击徐州东援之敌。中原野战军以第一、第三、第四、第九纵队并指挥华东野战军第三、两广纵队，首先寻歼商丘、砀山地区的敌第四绥靖区部队，吸引敌第二兵团西顾，尔后主力直出徐蚌线，攻占宿县，截断津浦铁路，孤立徐州；以第二、第六纵队尾击、阻击、迟滞国民党第十二兵团东进。

"守江必守淮"

唇亡齿寒，济南失守，徐州战事迫在眉睫。于是国民党国防部紧急召开军事会议，会议的主题是：对徐州是守，还是弃？

对此，国民党内部意见分歧很大，争执不休。有人认为，徐州是战略要地，必须死守，不到万不得已，决不能放弃。多数人认为，徐州是四战之地，利于攻而不利于守，且解放军的

攻势十分凌厉，国军应当避其锋芒，放弃徐州，退守淮河，以屏障南京，挫败共军南下，为凭借长江天险进行第二线战略配置争取时间。

会议最后确定了"守江必守淮"的方针。

随后，又对如何守淮进行研究，并产生两个方案。

第一方案，淮海决战案。其基本构想是：徐州剿总除留1至2个军坚守徐州外，陇海线各次要城市一律放弃。集中主力于徐州至蚌埠间铁路两侧地区进行攻势防御，并寻求与平汉铁路东进和津浦路南下之共军主力决战。

第二方案，守淮案，即退守淮河南岸，凭淮河地障，实施河川防御。

对此，蒋介石没有给部下商量的余地，他决定采取淮海决战案，并强调要孤注一掷，誓在徐蚌地区同人民解放军决一雌雄，志在必胜。

然而，徐蚌会战由谁来指挥，蒋介石颇伤脑筋。

徐州现任"剿总"司令刘峙，人称"福将"。对这个国民党元老级的将军，蒋介石十分了解：忠实有余，能力不足。当初任命他当徐州"剿总"司令时，国民党中就颇有微词。有人议论说，徐州是南京的大门，应派一员虎将把守才是，就是不派一虎，也应派条狗看门，如今却派了头猪，怎么守得住呢？

蒋介石想来想去想到了白崇禧。

白崇禧，绰号小诸葛，带兵打仗很有一套，显然要胜过刘峙百倍，且白崇禧目前正在武汉任华中"剿总"司令。如让他再担任徐州"剿总"司令，还可以让白崇禧从自己的华中地区调出一部分军队加强徐州的防守。蒋介石担心的是白崇禧肯不肯答应。早在半年前副总统竞选时，蒋介石曾极力保荐孙科，

可白崇禧却大力推举李宗仁，为李宗仁大肆拉选票。最后李宗仁在选举中击败了孙科当上了副总统，蒋介石一怒之下，免去了白崇禧的国防部长之职，让他去武汉任华中"剿总"司令。在现在这种危急情况下，他愿意当这个徐州"剿总"司令吗？不过，蒋介石心里明白，白崇禧这个人素好弄兵，徐州"剿总"下面的几十万大军，对他肯定是个不小的诱惑。蒋介石最后决定找白崇禧谈一谈。不出蒋介石的所料，白崇禧痛快地应诺下来。

然而，蒋介石没想到的是，白崇禧到南京不久，突然变卦。他在国防会议上扔了一句"南京政府可以直接指挥，不必重床叠架"，便转身回武汉了。原来，白崇禧从武汉来南京期间，同李宗仁在其公馆谈了好一阵子，两人觉得目前正是蒋介石统治的危难时期，此时不拆蒋介石的台，更待何时？

蒋介石为此气得直跺脚，把话筒也摔了：好你个白健生（白崇禧的字），来南京也不来见我，一个电话就一了百了了吗？

白崇禧跑了，可徐州总得有人守呀。无奈，蒋介石只得让刘峙来干了。想到徐州会战的重要性，蒋介石决定给刘峙配个能打仗的副手。

蒋介石首先想到的是骁勇善战、有"鹰犬将军"之称的华中"剿总"副司令宋希濂。

然而，宋希濂对此并不热心。一方面是担心自己对华东解放军的情况不十分了解；另一方面，也是最主要的方面，是怕指挥不了徐州的国民党军队。徐州"剿总"下辖的4个兵团的司令分别为邱清泉、李弥、黄百韬和孙元良。对于李弥，过去曾是自己的旧部，人也较敦厚，他并没什么担心的；黄百韬这个人也比较实在，不会搞背后活动。对这两个人他是放心的。令他担心的是孙元良和邱清泉。孙元良自私自利、两面三刀；邱清泉骄横跋扈，狂妄自大，似乎把什么都不放在眼里。他们会

甘愿听命于我吗？而且徐州目前态势危急，部队也一团糟，这也使他不得不踌躇起来。于是，他给蒋介石发去了一封电报：自到鄂西后情况渐明，正在作种种规划和积极部署，且自己对徐州方面情况不熟悉，恐难承受新命。

蒋介石收到电报后火速回电：

> 吾弟到鄂西后的种种规划颇为妥善，深合吾意。惟今后战争之重点在徐蚌。徐蚌为首都门户，党国安危之所在，希吾弟毅然负此艰巨，迅即赴徐与刘总司令及各路将领妥善部署，勿再延迟为要。

看到电文，宋希濂不敢再推辞了，于是准备走马上任。

然而，富有戏剧性的是，在南京召开的官邸会议上，蒋介石宣布的徐州"剿总"副司令却不是宋希濂，而是原东北"剿总"副司令杜聿明。蒋介石的意图，大家都十分清楚，除了杜聿明比较善战，能弥补刘峙在作战方面的不足外，更重要的是杜聿明是蒋介石的弟子和亲信。

杜聿明不得已，只好硬着头皮以"赴刑场心情"到徐州就任。

由于徐蚌会战事关重大，蒋介石决定亲往徐州主持部署，后因事不能脱身，便临时决定由顾祝同代他去徐州"剿总"传达徐蚌会战计划。临行前，蒋介石一再嘱咐："好好勉励官兵们作战。徐蚌是首都之大门，党国存亡，在此一举。是否能免于崩溃，就看以后几个月了。"

备战徐州

徐州，一幢灰色的楼，从外观看与别的建筑似乎没什么太

大的不同，可它那周边布满的警卫又表明它的地位非比寻常，这就是国民党徐州"剿总"的指挥部。

司令办公室内，徐州"剿总"司令刘峙十分紧张地坐在那里，肥胖的身体使沙发深深地凹陷下去。

刘峙，字经扶，别号天缺，江西吉安人。在武昌读书时无意中卷入了辛亥革命，后为黄埔教官，与顾祝同一起被称为"何应钦的哼哈二将"。他率黄埔学生军作战，得到蒋介石的特别赏识，成为"黄埔八大金刚"之一。他是"中山舰事件"的总先锋，"四·一二"大屠杀的指挥者。北伐时就有"福将"之称，不过他说："假如世界上确有所谓福气可以打败敌人的话，那么这个福气就是99％的汗水与胆识，再加上1％的机遇和其他因素。"抗战以来，这位"福将"似乎就没有打过胜仗。对日军作战失败，被人们讥讽为"长腿将军"；在重庆任卫戍总司令时，因大小老婆争分财宝惨案，被军委会立案调查；为娶第三房太太，硬着头皮与大老婆吵翻。论才干，他平庸无奇；论魄力，他优柔寡断。他正是以其庸碌，才得以登堂入室，跻身于蒋家王朝赳赳武夫的行列。

1个月以前，刘峙就听说蒋介石要派白崇禧来这儿顶替他任徐州"剿总"司令，他觉得很难堪，一连喝了几天闷酒，时不时地发牢骚："白健生是寡妇改嫁，对老头子可以抗衡论理，不听调动。我好像是童养媳长大，骨头多大当婆婆的都摸得清楚。"后来听说小诸葛同老头子闹翻了，不来徐州就任了，刘峙顿时喜形于色，又恢复了往日的神气，有事没事就到各个军营中走走，似乎是在告诉手下人，我刘峙还是总司令，谁也别想把我挤走。

3天前，南京方面通知，蒋介石要来徐州安排战事。刘峙的心都要跳出来了，他知道老头子对他的一切并不满意。为了迎接总统的到来，他亲自抽调了万余官兵进行强化训练，以备主

子的检阅。

不久，南京来了电话，说委员长因有事滞留南京不能来了，改由参谋总长顾祝同和作战厅长郭汝槐前来徐州召开军事会议，刘峙的心情才稍稍放松了一下。然而，顾祝同也不是等闲之辈，眼下正是蒋介石的红人，他对徐州"剿总"如何评价将关系到自己的将来，迎接仪式马虎不得。

"总座，我们该去机场了，顾总长一会儿就要到了。"一个参谋进来附耳对他说了几句。

刘峙正了正帽子，在随从的簇拥下走出了司令部。早有三辆轿车候在那里。一行人进了汽车，车子飞快地驶向徐州机场。

徐州机场，万名仪仗队员整齐地列成方队，徐州"剿总"的高级将领都到了，国民党的青天白日旗在机场的四周高高地飘扬着。

车停了，卫兵打开了车门，胖胖的刘峙从车内钻了出来，举起右手向手下的军官打着招呼，在场的人也一一向他敬礼。看到那一排排整齐的方队，刘峙心中美滋滋的，脸色显得愈发红润了些，给周围的人一种十分精干的感觉。胸前一枚枚闪光的奖章又无疑给他增添了不少风采。

空中已隐隐地传来了飞机的轰鸣声。

机场上万余官兵同时把目光投向天空。

顾祝同在郭汝槐的陪同下走下了舷梯，向下挥着手。刘峙等高级官员迎了上去，一一同顾、郭两人握手。

随着军乐声的奏起，阅兵式开始了，顾祝同在刘峙陪同下并肩走向受阅队伍。

一眼望不到头的部队一字排开，顾、刘两人举手行着军礼，一一走过每一个士兵。也许是队伍太长之故，走着走着刘峙竟有些支持不住了，过重的脂肪妨碍了他的步子。看着他那副窘样，顾祝同笑了，刘峙也笑了。

刘峙和顾祝同可以说是老相识了。两人早年都曾任教于孙中山先生建立的黄埔军校，顾祝同教战术，而刘峙则教军事。北伐战争后期，刘峙任国民革命军第一军军长，顾祝同任第九军军长，两军统归何应钦指挥。何应钦比较看中顾祝同，认为顾比较精明强干。两人在临淮关与军阀孙传芳作战，中途接到撤退命令，顾祝同的部队先撤回去了，可刘峙的第二师没有收到撤退命令，仍率部猛攻，竟然一举拿下了长淮卫，占领了江北重地蚌埠。就是这一次意外的胜利使刘峙"福将"的雅号在国民党官兵中传开了，两人也因此闹得很不快活。

刘峙这个人打仗不行，在赚钱方面却是把好手。他的夫人依仗他的势力办厂，干违法的事，他不但不管不问，自己还和新浦的盐铺老板合伙干着卖盐业。由于自己是徐州"剿总"的一把手，能弄到最确切的消息，这也保证了他的财源不断滚滚来。手下那些梦想当官的人，只要给他送上钱，他一定会帮助办到。对于他来说，钱多不咬手，什么钱都可以赚。为了赚钱，他甚至于敢向盐铺老板提前泄露军事情报。这些事他的办公室主任和一些高级军官心里都很明了，不过他们不想揭发他。一则一旦动不了他自己就会有"好看"，二来刘峙这个人待手下将士十分宽厚。由于在黄埔军校任过教官，不少手下都是自己的弟子，刘峙底气十足。他们也愿意给他面子，让这个好说话的人当自己的顶头上司，自己会有很多方便。

刘顾两人最大的相似点就是二人都比较大度。刘峙当年的手下，现在很多飞黄腾达了，他对此并不抱怨，还很高兴。他经常对那些人说："你们是我的学生，尊我一声老师就行了。"

顾祝同很重视作战，对部下只强调作战，至于其他的事，从不过问，甚至连手下的官兵去赌博、嫖女人他也不干涉，有时出了事儿他还要帮助化解了事。在他当军长期间，他经常以开会为名大宴军官，营级以上军官均有份儿。团级军官可从他那儿领得补助。连级军官虽差些，但也可以吃空额。主业不收副业补，人人都有赚头。因此，这些军官从心里感激他们的主子，甘心为他卖命。

伴着一声响亮的喊声"效忠党国！保卫徐州"，检阅总算结束了。

在徐州"剿总"司令部内，顾祝同坐在正席位置上，刘峙坐在下手。会议还未开始，两人一边品茶，一边交谈，有说有笑。过了一会儿，邱清泉、黄百韬、李弥、孙元良等高级将领也陆续到了。

会议开始，首先由国防部作战厅厅长郭汝瑰宣布徐蚌会战计划。当他说到第二兵团以永城、砀山为中心集结时，第二兵团司令邱清泉如释重负地吐了口气。邱清泉从少尉排长一步步擢升到中将兵团司令，一直深得蒋介石的宠信。虽然出身于书香门第，在上海大学上过学，又在德国深造过，但却迷信得很。眼下，他的部队驻守河南商丘，他觉得商丘这个地名与他的姓氏相克，是"伤邱"的谐音，因此多次请示国防部，要求换防，均被驳回。现在要离开那个不祥之地了，他心里十分庆幸。

郭汝瑰继续宣读着：第七兵团应确保运河西岸，与第一、第三绥靖区密切联系……海州驻军向西撤退……

顾祝同一动不动地坐在那里，作战方案是他参与拟定的，自然不用听。当听到第七兵团时，他的目光转到了略微秃顶的黄百韬身上。

黄百韬早年是北洋军阀李纯的传令兵。李纯看他勤快好学，便将爱婢许配给他，并送他到金陵军官教育团学习。军阀混战中，他先是投靠张宗昌，后来蒋介石北伐，消灭了张宗昌，他又投靠蒋介石。蒋介石解除杂牌军将领兵权的惯用手段是将他们保送到陆军大学学习，于是，黄百韬成了陆大学员。但黄百韬不死心，仍然兢兢业业地研究军事。后来因他的军事论文受到当时的军政部部长何应钦的赞赏，黄百韬因此进入顾祝同的圈子，当上了顾祝同第三战区的参谋长。但黄百韬终非中央军嫡系，在以后的日子里，他一会儿被甩进谷底，一会儿又被捧上巅峰。中原战场的几乎每一次战役，黄百韬总是被推到幕前，充当最富有戏剧色彩的主要角色。

顾祝同看着黄百韬，觉得他眉宇间流露出一种凄苦的神情。这次徐蚌大战，他的命运又将如何呢？

顾祝同的目光继续移动，仔细打量着在座的每一个人。

第十三兵团司令李弥，这个黄埔军校四期学生，眉宇间透出机智的灵气。当年他指挥第八军，曾经在滇缅路上风光一时。他曾得意地说，在国军中要吃得开，得具备两个条件：一是穿黄袍（黄埔系），二是戴绿帽（陆军大学）。

坐在李弥身边的是"剿总"副总司令兼第四绥靖区中将司令官刘汝明。他原是冯玉祥的旧部，貌似平庸，其实他城府颇深，又爱计较，从来不吃亏。由于擅长察言观色、巴结奉承，当上了副总司令。

坐在最边上的冯治安，是"剿总"副总司令兼第三绥靖区中将司令官。他虽然看上去仪表堂堂，但却是绣花枕头，徒有其表，败絮其中。他最大的特长是脾气好，能够忍气吞声，因此混得很不错，也弄了个副总司令头衔。

郭汝槐讲完了，退到一边。顾祝同提出，想听听在座各位的意见。

瞬间的沉寂之后，黄百韬站了起来，他说："这次陈（毅）、刘（伯承）二匪合流，野心在于图我第七兵团。据侦察报告，共军的主力正从临沂线向我部机动。"他认为，第七兵团远离徐州，地处孤立，且目前各军又分布于陇海路两侧，兵力分散，易被击破。建议将第七兵团收拢于徐州附近，方能解除共军的威胁。

　　黄百韬的话还没讲完，邱清泉便忽地从座位上站了起来，一脸的狂傲不羁。他乜斜了黄百韬一眼说："我已抓住共军第三纵队侦察员，目前陈、刘二匪已对我部形成东西夹击态势，受威胁最大的是我，而不是你！"

　　冯治安仰了仰头，欲言又止。他想说他的部队才处在最前沿，要说受到共军威胁的，首先是他。但转念一想，自己的部队是杂牌军，历来就是当炮灰的，命该如此，说也没用。黄百韬骁勇善战，还经常受邱清泉等辈的怠慢，何况自己呢？

　　"总座！"李弥站起来，"我部也侦察到共军主力正向我部逼近。"

　　第十六兵团中将司令孙元良静静地坐在那里，一言不发。他虽然出身黄埔，血统高贵，却从不恃才傲物。像这样有伤和气的争论，他从不参与。所以，他的人缘非同一般。早在江西围剿红军时，因为他打了败仗，蒋介石一气之下曾下令杀掉他。但奇怪的是，10多年后，蒋介石设宴招待他的有功将领时，面前却站出了个孙元良。蒋介石背过脸去，问一位将军："这个人不是杀掉了吗？"这位将军说："校长，他也是你的学生，很能打仗！那一年，我们瞒了你把他放了。"蒋介石听后也只好不了了之。

　　刘峙站了起来。看到他的部下争得面红耳赤，旁若无人，根本不把他这个总司令放在眼里，很是生气，特别是还有顾祝同在场，更是让他难堪。他一字一句地说："共军真正垂涎的乃是徐州！徐州是'剿总'司令部所在地，徐州不保，群龙无首。因此，城内必须拥有雄厚的兵力。"说到这里，他把脸转向顾祝同："至于作战部署的调整事宜，一切由总长定夺！"

　　顾祝同把蒋介石亲自拟定的《徐蚌会战计划》的主要精神扼要地作了介绍，然后根据眼下徐州的态势，宣布部队下一步的作战方针：

"第一步，外围部队迅速向徐州收缩。第七兵团应尽速撤回运河车站以西。第二步，将徐州各主力兵团由津浦铁路向淮河沿岸撤退，放弃陇海铁路各要点，只留两个固守徐州和蚌埠，徐州'剿总'移至蚌埠。第三步，在徐州至蚌埠之间与共军决战。"

最后，顾祝同说："此次决战，决定党国命运。目前共军屡经苦战，兵力疲惫，弹粮补给困难。我们集中优势兵力将陈粟、刘邓部队诱至徐蚌之间，一举聚歼，奠定戡乱建国大计。"

顾祝同站了起来，掏出蒋介石在他临行前写的谕示："总统手谕！"众将领全体起立，肃立静听。

"徐蚌会战，关系党国存亡。在此紧急关头，弟等应抱必胜决心，发扬革命精神，身先士卒，努力达成任务，倘有延误，决按军律从严惩处，不稍宽贷。"

三、围歼黄百韬兵团

大战在即，徐州地区马嘶车鸣，尘土飞扬，一片忙乱景象。国民党徐州"剿总"根据11月4日的军事会议安排，正在调动军队，调整部署。

与此同时，人民解放军根据毛泽东"集中兵力歼灭黄百韬兵团，完成中间突破"的指示，奔赴各个战场。

担负歼击黄百韬兵团的华东野战军主力向新安镇地区挺进。华东野战军一部和山东兵团分别向邳县、韩庄、台儿庄一线前进，阻击徐州的东援之敌，切断徐州与黄百韬兵团之间的联系。中原野战军主力和华东野战军的两个纵队，向商丘地区的国民党第四绥靖区刘汝明部逼近。

"追上去！追上去！不让敌人跑掉！"

华东野战军第九纵队侦察营最先进入黄百韬第七兵团驻地新安镇。出乎他们意料的是，新安镇已是一座空城。

"新安镇之敌已经西撤，正向徐州收缩……"

粟裕接到情报后，立即下令："不怕疲劳，不怕困难，不怕饥饿，不怕伤亡，不怕打乱建制，不为河流所阻，敌人到哪里，坚决追到哪里！活捉黄百韬，全歼黄兵团！"

华东野战军某部向淮海前线开进

于是，一首响彻淮海战场的歌曲诞生了：

追上去！追上去！不让敌人喘气！

追上去！追上去！不让敌人跑掉！

……

九纵"潍县团"在追击途中被一条10多米宽的河流挡住了。

"赶快架桥！"

由两部梯子和一副桥板连接起来的桥架好了，可是由于桥身中间没有支撑，人一踩上去，桥身的中间浸进水里，人也随着掉进水中。一个人都载不起，怎能架得住几百人通过！

部队已云集河岸，等着过桥。大家心里都十分明白：晚一分钟过河，黄百韬就多一分钟逃脱的机会。这不是一座普通的桥，而是一座通向胜利的桥！

副排长范学福一下子跳到水里，大声招呼起来：

"同志们，下来扛着！"

"对！扛着！"

扑通！扑通！接二连三地又有9位同志跳下水来。有的搁住梯子，有的扛住桥板，两个人一组，做成5个"桥墩"，把桥给顶起来了。

"喂！同志们，桥架好了，快过河吧！"

部队听说桥架好了，立即成一路纵队冲了上来。

十七八个全副武装的同志上了桥，水中10人的身上，每人平均负担至少也有150公斤。有的同志头被压到水里，桥身一歪，桥上就有四五个战士摔到河里。

"同志们，拉开距离过桥！"

于是，部队成散开队形过桥。

一个连队过去了，又一个连队过去了……

天渐渐黑了，有的同志走在桥上，脚不时踏在梯子的空档里，水中的同志伸手扶住他们的腿；有时一脚踏在脑袋上，水中的同志挺硬脖子不摇晃。

机枪连开始过河了。走在最前面的两个机枪手扛着一挺重机枪，刚一上桥，马上又把脚缩了回去，"我们还是蹚水过河吧！""不能蹚，快过吧！"水中的同志急切地喊着，"我的同志哥，都什么时候了，还客气什么！你一客气，敌人就跑了，快过！"机枪手只好匆匆上了桥。

……

前面传来命令："敌人后面的掩护部队被我们消灭了，黄百韬已经被我们拖住了，上级命令你们上岸。"

这时，水中的同志双脚深陷在河底的淤泥里，肢体僵硬得像根木头，怎么也动弹不得。岸上的同志只好下水，一个一个地把他们搀扶出来。

大家上岸后，烤了烤僵硬的手脚，立刻又向枪炮声最激烈的地方跑去。

解放军多路并进，昼夜兼程，穷追不舍，紧紧咬住黄百韬兵团不放。

敌人边打边撤，队形十分混乱，损失惨重。

当敌人逃至碾庄地区时，黄百韬不得不下令部队就地进行休整，再行西撤。

淮海战役的"第一个大胜利"

京杭大运河，绵延数千里，是北京与杭州之间的水上大动脉，而此时已没有了往日的繁忙喧闹，空空荡荡的河面上，没有帆影，没有渔歌，死一般的沉寂。大运河成了两军对峙的楚河汉界。

运河以北的蒙山深处，昭阳湖畔，解放军的3个纵队，近10万名指战员，正在积极准备着扎木筏，架浮桥。他们喊着"打过运河去，截住黄百韬，为人民立功"的口号，积极投入临战前的练兵热潮。

运河以南的国民党第三绥靖区的两个军也正在日以继夜地加修工事，厉兵秣马。又高又厚的河堤到处是工事。堤坎前沿，一队队士兵正在"吭吱吭吱"地打木桩、架铁丝。山坡上的炮兵阵地，炮管一律放平，直指河面。远处的山头，一排排火炮，鹅群似的傲慢地昂着头。

战云密布，铁幕低垂。从表面上看，第三绥靖区的国民党部队已经严阵以待，进入了临战前的静默状态，而实际上，部队内部正在急剧地分化、组合，代表两种命运和前途的力量正在进行着最后的较量和搏斗。

第三绥靖区下辖第五十九军、第七十七军共4个师。该部前身是冯玉祥西北军的一部分。蒋介石对待非嫡系部队，历来有歧视态度。淮海战役前，第三绥靖区的司令官冯治安兼任徐州城防司令官，部队驻扎在徐州。蒋介石感到冯部不可靠，就将其调防临城、枣庄、贾汪地区。徐州城防司令改由李弥担任。冯治安部的广大官兵对蒋介石消除异己的做法很不满，不愿再为蒋介石充当炮灰，一些高级将领也萌发了弃暗投明之心。

该部两位副司令官何基沣、张克侠是中共秘密党员。

何基沣是个传奇式的人物。11年前在卢沟桥事变中，他率西北军旧部反击日军的侵略，打响了中国人民全面抗战的第一枪。后因孤军无援，致使大名失守。何基沣为战场失利而痛心疾首，更为国民党的卖国政策而绝望。他含泪挥毫，写下"马革裹尸去，不演风波亭"的诗句，然后拔枪自杀，弹穿右胸，血流如注，因抢救及时保住了性命。此举震惊朝野，也使何基沣威名远扬。伤愈后，何基沣开始寻找救国出路。他在武汉找到了周恩来。又在周恩来的引导下，北上延安，见到了中国共产党的领袖毛泽东。离开延安时，他已是一名中国共产党党员了。

张克侠，早年就读于莫斯科东方大学，回国后秘密参加了中国共产党，并长期潜伏于国民党军队里。虽然没有何基沣那么丰富的经历，但他为人谦和，且又是西北军元勋冯玉祥的连襟，在西北军里威望甚高。他多次旁敲侧击地开导西北军旧部首领冯治安早日与蒋介石脱离，站到共产党一边。但冯治安害怕共产党，对解放军能否得天下也心存疑虑，更丢不下恩恩爱爱的小妾，所以张的规劝对他来说如风吹牛耳，没什么感觉。好在国民党中派系林立，西北军旧部比较团结，冯治安没有把张克侠出卖给蒋介石，可对张还是不很放心。为了架空张克侠，只让他挂个副职，住在徐州，与部队脱离。

由于何基沣、张克侠等人的长期工作，第三绥靖区发展了许多共产党员，在一些部队里还成立了党组织。

随着淮海战役拉开帷幕，临战起义已刻不容缓。为了使第三绥靖区让开运河防线，以便解放军迅速南下，直插陇海线，割裂徐州之敌与第七兵团的联系，从西面切断黄百韬的退路，华东野战军第十三纵队的联络部长杨斯德，奉陈毅之命，秘密潜入第三绥靖区具体指导起义的动员和准备工作。第三绥靖区基层官兵的工作比较好做，但高层的将校长官们则比较复杂。有的人态度明朗，有的人执迷不悟，更多的则是瞻前顾后，左右摇摆。

此刻，五十九军军部的会议室里，烟雾缭绕，灯光昏暗，一群将校军官或立或坐，有的吞云吐雾，有的悠然品茶，气氛非同寻常。

这些人从徐州都天庙冯治安官邸开会回来之后，对起义的态度发生了微妙的变化。师长杨干三、崔振伦觉得跟随冯治安多年，这样一下子甩掉冯治安，心里总觉得过意不去；团长陈芳芝、杨光等人因家属尚在南京，很难定下决心；五十九军参谋长刘景岳是大地主的儿子，对共产党积怨颇深；一些军官因种种原因萌发了退意。而德高望重的副司令官张克侠被冯治安留在徐州，难以脱身。坚决主张起义的只有副军长孟绍濂。

孟绍濂看众人此刻突然变卦，竟急得老泪纵横："弟兄们啊，我们早就说得好好的，怎么说变就变呢？人要讲信用啊！这一变，叫我们怎么对得起共产党啊！"

何基沣得知五十九军情况有变，立刻请杨斯德一起来商量对策。

孟绍濂曾想能否推迟一天行动，好再做崔振伦等人的工作。

杨斯德斩钉截铁地说："战役发起时间决不会变更，应以现掌握的部队起义，有多少算多少。"

何基沣于是对孟绍濂说："孟副军长不要着急，回去再找他们好好谈谈。家属问题，在江南已委托可靠的人照管，告诉他们尽可放心。"何基沣随后十分严厉地说："如果他们再不回心转意的话，我们只好先礼后兵了。"他想了想，又对杨斯德说："我看你尽快设法通知解放军，向五十九军阵地施加压力，来点真的！"

7日黄昏，激烈的枪声打破了运河前线几个月来的沉寂。

解放军进攻的锋芒直指五十九军防区。往日空荡的河面，出现了数不清的帆船和木筏，勇猛的解放军士兵有的驾船，更多的是泅渡，洪水一般向南岸涌抵，势不可挡。在台儿庄，第十三纵队已包围了五十九军在北岸的既设阵地，开始逼近大桥。五十九军的官兵大多数不愿意和解放军打仗，因而在解放军的强大攻势下，全线动摇。

何基沣听着运河前线爆竹一样的枪声，不禁心花怒放。在困境中，他的救兵来了。说到底，要策动一支旧军队调转枪口，解放军的威力才是最可靠的保证！何基沣必须紧紧地抓住这有利时机为部队起义开辟出一条通向胜利的坦途。他要把解放军的这次进攻变成一副杠杆，把解放军的巨大压力最大限度地转移到崔振伦、杨干三、刘景岳等军官身上，逼他们醒悟。

入夜以后，五十九军参谋长刘景岳连连告急。何基沣在电话中对他进一步威逼说：

"你要负起全责，丢掉阵地惟你是问！"

不一会儿，刘景岳又在电话中报告说："万年闸失守，一个营被歼，解放军大部队正突破运河南下。"

何基沣当即斥责："万年闸前有桥头堡，后有阵地，为什么突然就这样糟糕？这种状况决不能向上边交代。天明以前一定要收复阵地，否则军法从事！"

何基沣觉得是摊牌的时候了，便驱车来到了五十九军军部。

孟绍濂率两位师长和几位处长已在门外等候。

大家进门坐定，何基沣说："万年闸这一仗本来不应该打了，又死伤这么多官兵，真令人痛心！我们西北军多年来受人家的气，现在是出气的时候了，你们为什么还迟疑不决呢？我真不明白！"

在场的军官都惭愧地低下了头。

何基沣在屋子里背着手踱了几步，压低嗓音说："何去何从，大家看吧！我们西北军这些年来跟着蒋介石讨了什么好处？抗日战争，蒋介石借日本人消灭我们；打内战，蒋介石总是让我们站在第一线。你们看，这次徐蚌会战，第一个要消灭的不也是我们吗？"

会议室里鸦雀无声。

何基沣猛然抬起头来，激昂地提高嗓门："让我们屏障徐州，可谁来屏障我们？谁又屏障过我们？等我们西北军全部拼光了，大家的日子就好过了吗？"

何基沣深深地叹了口气，背过身去，从窗口望着外面阴森的夜色。

沉默了一会儿，只见崔振伦将烟头狠狠地按在烟灰缸里，站了起来。他说："副座说出了我们的心里话。蒋介石是什么东西！他走运的时候踩着我们，现在他要完蛋了，我们犯不着给他戴孝帽子。他要我们看大门，好让嫡系部队向南跑，我们再不干这种傻事了，把大门敞开，躲到一边凉快去！"

接着他把手枪掏出来，大声说："谁敢阻挠起义，以手枪对待！"

刘景岳、杨干三也指天画地说："说干就干。再反悔，挨枪子。"

大家纷纷表态。

五十九军的官兵虽然同意起义，但因为他们与何基沣渊源

不深，且何基沣向来严厉冷峻，令人望而生畏，因而心里还是有些不踏实。何基沣深知这一点，随即宣布张克侠即将来前线，与大家共同起义。大家听说自己的老上级领着自己干，才彻底定了心。

孟绍濂见时机成熟，便说："现在请何副司令下命令吧！"

何基沣当即铺开纸笔，草拟了五十九军撤离运河防线，举行战场起义的命令，并郑重地签了名。为了表示对大家的尊重，他请孟绍濂、崔振伦、杨干三3个人，在命令上签名。

一张薄薄的纸片，两行遒劲有力的字迹，表达了全军神圣的抉择，决定了上万名官兵的命运。五十九军从此高高举起了起义的旗帜。

签完字，何基沣对孟绍濂说："弟兄们的给养准备好了没有？家属都安置好了没有？"

孟绍濂兴奋地说："都安置好了。"

"还有没有什么困难？"

崔振伦冒出了一句："可是，我们怎么跟共产党接头啊？"

"真想与共产党接头吗？"何基沣转过身来问道。众人的眼睛全盯在他身上。只见何基沣背着手，泰然地跨出一步，扫了众人一眼，转身出门上了吉普车。

不一会儿，门外传来了吉普车的刹车声。何基沣和一个身穿国民党少将军服的年轻人走了进来。这个年轻人摘下军帽，微微一笑："各位！我是陈毅将军特派联络员杨斯德。陈毅司令员向诸位问好！"

杨斯德老成持重，挥洒自如，他毫不犹豫地向军官们伸出自己结实有力、热情亲切的手。终于，一双双粗壮的手紧紧地握在一起了。

这时，东方已露出曙光。11月8日，决定性的日子到了。

在五十九军指挥所里，何基沣、杨斯德和几位刚刚作出重大抉择的军官们迎着曙光，共进早餐。

这是一个令人心情畅快、难以忘怀的早晨。

粟裕得知何基沣、张克侠顺利起义后，十分高兴。他说："只要我们在贾汪多呆 4 小时，我们的战机就丢失了。"

毛泽东说，何、张起义是淮海战役的"第一个大胜利"。

何基沣、张克侠率部起义，使国民党军在台儿庄至微山湖的防线顿开缺口。华东野战军北线 3 个纵队迅速顺利渡河南进，直插徐州东侧，隔断黄百韬兵团同徐州的联系，切断了黄百韬兵团西撤之路。

在各部队的共同努力下，解放军终于在 11 月 11 日完成了对黄百韬的包围，并将黄百韬兵团 4 个军压缩在以碾庄圩为中心、南北约 3 公里、东西约 6 公里的狭窄地域内。

"只要我们守得住，不会有问题"

黄百韬的 7 个兵团开始了忙碌的备战，赶修防御工事。司令部设于碾庄圩内，第二十五军、第四十四军、第六十四军和第一○○军分置于碾庄圩的北、南、东、西四面，各重炮等武器装备也被集合起来统一使用。

"司令，委员长亲笔信。"黄百韬一听，喜出望外，似乎抓到了一根救命的稻草，急忙把信拆开。只见信中写道：

焕然司令弟勋鉴：

此次徐淮会战，实为我革命成败、国家存亡之最大关键，务希严督所部，切实训导，同心一德，团结奋斗，期在必胜，完成重大之使命是为之要。

黄百韬知道，这是委员长在给他打气，希望他苦战死拼。

后有追兵，前方又已断了归路，事已至此，也只有固守一条路了。

为了稳定军心，黄百韬把他的几个高级将领聚在一起，装出若无其事的样子对大家说：

"各位兄弟，请大家不要担心，我们有充足的武器和弹药。我们西部有邱清泉、李弥和孙元良3个兵团，他们会支援我们的。只要我们守得住，不会有问题。"

然而，到底会不会有问题，他心里很清楚。刚过运河时他曾试图和李弥商谈，想让李弥兵团晚撤一步，可李弥以刘峙催得紧为由拒绝了。他才不愿干有损自己的傻事呢！

黄百韬现在已抱定了同解放军拼死的决心，心中反倒更坦然了，再也不须向别人低头相求了。他走到地图前，两只眼睛盯着徐州到碾庄那条线，他恨不得用自己的眼睛把这个距离融化掉。碾庄周围的地方密密麻麻地插满了小旗，这些地方他太熟悉了，闭着眼睛也能说出来。

黄百韬和他的副官走到屋外，他要找到最有利的防御地形。可碾庄这一带都是片片黄色的平原，只是各个村子修的防洪大坝很有特点，像突起了一道城墙一样，"城墙"外是一条深深的水壕。

"这岂不是一个天赐的防御工事？若架起重炮、机枪，共军岂能逾越？"他的副官说。

黄百韬苦笑了一下，什么也没说。

"一定要解黄百韬之围"

南京，杜聿明的官邸。杜聿明在客厅里来回踱步，坐卧不宁。蒋介石催他尽快到徐州上任，他总有一种不祥之感。解放军的中原野战军、华东野战军两大主力已威逼徐州，第三绥靖区临阵倒戈，黄百韬在碾庄嗷嗷待援。此时去徐州，无异于赴刑场。

出于军人的本能，他急于了解徐州的战场情况，便驱车来到颐和路顾祝同的官邸。

顾祝同正和刘峙通话，"叫黄百韬在碾庄待命，明天下午国防部开会，一切按会议的决定行事，到时我们再通知你。"

顾祝同刚要放电话，见杜聿明进来，便对刘峙说："喂！光亭在这里，你同他讲话吗？"接着将话筒递给杜聿明。

"光亭，快点来吧，你一定得快些来呀！"电话里传来了刘峙嘶哑而急切的声音。

杜聿明关心徐州，却实在不想去徐州，但他知道自己脱不开干系，于是不耐烦地说："等明天见了老头子再说吧！"

可他很想知道徐州的战况，便清清嗓子，冷冷地说："黄百韬的情况怎么样？"

"徐州危急！共军的主力出现在徐州四周并发起了攻势。黄百韬兵团被困碾庄，已无法西撤……近来情况尚不十分清楚。"

杜聿明放下电话，向顾祝同了解徐州的战事。顾祝同介绍了一些情况，然后和颜悦色地对杜聿明说："光亭，明天先参加官邸会议，然后尽快去徐州。老头子很着急，刘峙也很需要你呀！"

杜聿明听了这话，心里很不痛快，暗骂了一句："这个糟糕的局面还不是你们闹的！让我去收拾烂摊子？你怎么不去！"他调整了一下情绪，没有发作，只是淡淡地应了一声："明天再说吧！"便起身告辞了。

第二天下午四时，杜聿明来到蒋介石官邸参加军事会议。

蒋介石脸色铁青地坐在那里，听着国防部情报厅厅长侯腾先报告徐州的军事态势。

"共军主力已占领了贾汪，迫近运河以东，另一部已在徐州以西同邱清泉兵团发生了接触。黄百韬兵团的主力及第四十四军退至运河西岸，在碾庄附近被围，由于过桥时遭到共军的袭击，伤亡甚重。邱清泉兵团同共军接触后，且战且退，正在向徐州靠拢。目前徐州情况吃紧……南京后方秩序也极混乱。昨今两日，满街都是抢粮的人，警察袖手旁观，粮店大都已关门……"

"造谣！胡说！哪有这回事？"蒋介石大怒，没等说完就破口大骂。蒋一向很注重自己的形象，也很能控制自己的情绪，可现在他还是忍不住了。几日来，一个又一个的坏消息不断地传来，他早已憋了一肚子的火。

会议被这不祥的气氛打断了好一阵子。

接着作战厅长郭汝瑰报告作战计划。郭汝瑰站起来，声调铿锵地把援救黄百韬兵团的作战计划讲了一通。大意就是让黄百韬死守碾庄，让李弥兵团守备徐州，以邱清泉、孙元良兵团东调击破徐碾之间之共军，以解黄百韬兵团之围。

没等郭汝瑰讲完，蒋介石便举起拳头，用力在桌子上一敲，说："一定要解黄百韬的围！"随后转过脸问杜聿明："光亭有什么意见？"

杜聿明摇了摇头，站起来说："敌情和各兵团的情况我都不了解。到徐州后，向刘总司令请示，看是否可以抽调部队解黄百韬之围。"

蒋介石连声说："好！好！你到徐州，一定要解黄百韬之围。我已经为你把飞机准备好了。你今晚就去！"

所谓"潘塘镇大捷"

夜幕中，飞机在隆隆地响着，杜聿明和几个幕僚默默地坐在机内。他觉得奇怪，南京到徐州怎么飞了这么长时间。一问驾驶员，才知道飞机飞过了头，还要折回。"真晦气！"杜聿明心里骂了一句。不知又过了多少时间，飞机终于在徐州降落了，杜聿明心中的一块石头终于落了地。

杜聿明一到徐州，便开始布置解救黄百韬兵团：孙元良的第十六兵团开至徐州，接替李弥的十三兵团；李弥、邱清泉两兵团星夜兼程开往徐东一带，展开解救黄百韬兵团的行动。

第二天，徐州东部的团山至邓家楼一线变成了一片火海，邱清泉和李弥正指挥着各自的部队在坦克车的掩护下一次又一次地冲向华东野战军的阵地，飞机在空中不停地做着俯冲，在解放军的阵地上投下一排排的炸弹。随着一声声爆响，整个阵地掀起了片片瓦砾，各种不同口径的大炮同时轰鸣着，整个天空烟雾弥漫。

向团山进攻的李弥兵团在强大火力的支援下向前一点点推进，每进一步，都扔下一排排尸体，最终夺下了团山。此时的团山，早已被炮火轰烤得发烫了，山上遍地都是横七竖八的尸体。杜聿明望了望那些惨死的士兵，脱下军帽志哀。刘峙得知团山被攻克，十分高兴。他对杜聿明说，看来用不了几天，我们就能与黄百韬会师了。杜聿明笑了笑，没吱声，心里却想：这才哪到哪啊！

与李弥相比，邱清泉兵团就不那么走运了。他的数次进攻都被解放军顶了回来。

邱清泉崇拜希特勒，喜欢希特勒的那套海陆空立体作战方式。他本以为解放军的阻击不会持续太久，可是他发现自己错了。

邱清泉手执望远镜站在他的吉普车旁，摸着嘴上的那条伤疤，嘴里不停地叨咕："真他妈的邪门了！"他无法理解自己的优势兵力和现代化装备对装备落后的解放军竟然不起作用！

徐州"剿总"频频来电，要他不惜一切代价攻击、前进。

蒋介石也来电了：

党国存亡，在此一举。吾弟应发扬黄埔精神，为国家尽忠，为民族尽孝，不惜一切牺牲，将正面敌人击溃，以解黄兵团之围，否则军法从事。

好个军法从事！邱清泉真想把电报撕了。"老子在前方拼死打仗，你们在后方享福，还像催命鬼一样不停地催。你为什么就不能亲自来战场看一看呢？"

无奈军令难违，他只能一次又一次地扯着嗓子给部下下达拼命死冲的命令。

一发发炮弹向解放军防守的孙庄飞去，似乎想把它撕成碎片，敢死队紧跟着坦克扑了过去。

"轰！"一声巨响，冲到最前面的队员已没了踪影，坦克也止住了步伐。邱清泉使劲咬着嘴唇，把嘴唇都咬出血来了。

战斗越打越激烈了，邱清泉发现解放军的防守也越来越稳固了。他一次又一次地集结兵力，动用了全部重型武器，可仍不奏效。

"嘿！"邱清泉一拳砸在桌子上，桌上的电话被震到了地上。

一天过去了，又一天过去了，李、邱两个兵团进展维艰，特别是邱清泉兵团仍被阻于孙庄一线。

这样下去绝对不行。

蒋介石一连发了3个十万火急的亲启电，令杜聿明务必于某日之前与黄百韬会师于碾庄。

杜聿明虽然对解放军的顽强阻击心有余悸，但想到蒋介石那气急败坏的神态，终于横下心来，在徐州"剿总"前线指挥部给邱清泉下达命令：

"即日以有力部队，不顾一切牺牲，钻隙迂回，向大许家突进，限在一日之内确实占领大许家，以解黄百韬之围，违则军法从事……"

邱清泉接到有杜聿明署名的命令后，急得团团转。他知道，杜聿明一定是被蒋介石逼急了，否则是不会给他来这一手的。他看着纸令上的"钻隙迂回"开始琢磨起来："钻隙"战术是万万使不得的，一旦暴露，必被共军围歼；"迂回"战术也许还有点门。想来想去，他决定来个侧后迂回，经潘塘、房村，顺双沟公路南绕至大许家，在共军的背后戳上一刀，切断共军正面阻击部队的退路，使其腹背受敌，必然溃散。尽管这样有些冒险，然而事已至此，只能冒这个险了。

16日，邱清泉的第七十四军开始从潘塘出发，准备突袭解放军的侧翼。第七十四军本非自己嫡系，既然杜聿明下了命令，邱清泉就把第七十四军推上了最前沿。第七十四军军长邱维达对自己孤军深入十分不满，向邱清泉提出了疑问，邱清泉无法回答，只是说这是"总统"的命令，邱维达也只好硬着头皮上了。

为了加强攻势，邱清泉把第七十军也调了过来。双方激战了两昼夜。17日，解放军撤退了，第七十军趁机在装甲车的掩护下向前突进了5公里。

好不容易取得了这么一次胜利，邱清泉为获得这一"战果"而感到得意。为了表功，他一次次地向总部打电话报捷。刘峙也很高兴，赶忙向南京作了报告。国防部为了振奋军心士气，也借题发挥，正式宣告了"潘塘镇大捷"，还派出了慰问团，调拨了大批慰问品。

徐州"剿总"也一改往日沉闷的气氛，燃放起爆竹。

就在徐州热热闹闹地庆祝所谓"胜利"的时候，蒋介石却在南京大发脾气。

最初，当秘书送来刘峙发来"潘塘镇大捷"的喜报时，他心头热乎乎的，十分激动。可就在这时，他收到了前线特派员李以勃发来的电报。李以勃在电文中说，徐州"剿总"在此次徐蚌会战中处处闭目塞听，刘峙因害怕徐州被占而把主要兵力布置在徐州四周，不敢去援救黄百韬，丧失了有利的时机；"潘塘镇大捷"亦纯属乌有，只是共军的一个引诱策略，目前徐州已很危急……

这封电报无疑给了蒋介石当头一棒，他忽然感到一阵头晕，站在一旁的蒋经国见状忙扶住了他。

"好你个刘经扶，竟敢欺上瞒下，我一定要把你军法从事！"

然而，蒋介石毕竟是老谋深算，他马上想到根本无法惩罚刘峙。为什么？国民党军已不能再败下去了，好容易来了一个"大捷"，不管它是真是假，总能起到振奋士气的作用，他不能再让那些将士们寒心了。

蒋介石的心情平静下来。他把那份电报撕成了碎片，任凭它们从指缝间飘悠悠地落在红色的地毯上。

"此次徐州大捷，乃我军开战以来一次大胜仗，应予嘉勉，特授邱清泉将军青天白日勋章1枚，授碾庄黄百韬二等云摩勋章1枚，徐州'剿总'刘峙所部作战有功，每人赏银元3块。另告诉张道藩（任宣传部长），让他马上做好准备，亲自率团及新闻人士前往慰问，要即刻前往。"

攻占宿县

宿县，地处徐州以南，蚌埠以北，是一座古城，当地人称其为"南徐州"。它扼南北交通要冲，自古以来就是兵家必争之地。国民党徐州"剿总"在东线吃紧后，其海上交通已断，只能利用这一条陆上通道与蒋介石大本营联系，而宿县则是国民党军在津浦线上重要的中转站和物资补给基地，屯集了大量的军需物资。

早在淮海战役处于准备阶段时，毛泽东的慧眼就盯住了津浦线，盯住了宿县。10月22日，毛泽东电示中原野战军：

解放战争中的邓小平

"……举行徐、蚌作战，相机攻取宿县、蚌埠，坚决彻底干净全部地破坏津浦路，使敌交通断绝，陷刘峙全军于孤立地位……对于保证淮海战役取得大胜，将有极大作用。"

根据中央军委、毛泽东的指示，中原野战军在淮海战役的第一阶段的任务是牵制、阻击敌人，保障华东野战军集中力量歼灭黄百韬兵团。陈毅司令员、邓小平政委率领的中原野战军主力第一、第三、第四、第九纵队夺取郑州、开封后，向东横扫陇海，牵制、威慑徐州之敌。刘伯承司令员在豫西指挥第二、第六纵队及军区部队，阻击和钳制华中敌军主力，迟滞黄维兵团东援。

淮海战役发起后，毛泽东根据战场态势的变化，及时电告中原野战军：

"徐州敌有总退却模样……你们应集全力（包括第三、两广纵队）攻取宿县，歼灭孙元良，控制徐蚌段，断敌退路，愈快愈好，至要至盼。"

中原野战军主力随即在陈毅、邓小平的指挥下，出击津浦线，直扑国民党在徐蚌线上的重要据点宿县，发起了徐蚌段的作战。

担负攻打宿县任务的中原野战军第三纵队及时召开旅以上干部会议，研究部署行动：七旅担任主攻，从东门攻城；九旅担任助攻，从西门攻城；八旅负责破坏宿县北至符离集之间的铁路、桥梁，攻占车站、东关，扫清外围，然后从北门攻城。

为了抢时间、争主动，各旅受领任务后，迅速向宿县开进，在行进中进行战斗动员和战前准备工作。

徐州"剿总"刘峙发现中原解放军南下，以为是向徐州南面迂回、包围徐州或者是去图谋国民党武汉"剿总"派来支援徐州作战的黄维兵团，便急命孙元良第十六兵团离开宿县去徐州护驾。然而，他却没想到解放军会有这么大的胃口，竟要切断津浦线，将整个徐州驻军全部关闭和包围起来。结果，孙元良兵团北上给解放军解放宿县提供了方便，当刘峙发觉上当时，宿县已经被团团包围了。

中原野战军第三纵队副司令刘昌毅有在一线现场指挥的习惯，他把纵队指挥部移到了东门外离护城河仅 1000 余米的掩体里。

刘昌毅用望远镜在宿县的城墙上搜索着。城垛箭楼高耸，甚是雄伟。箭楼上的精工古雕，虽老态容衰，仍不失昔日风光。只要一炮打准，这楼就会彻底毁掉，实在有点可惜。

攻击时日到了，炮火来了。炮打得很准，炸得城头土崩石飞，烟雾弥漫，火光冲天。

刘昌毅紧盯着那似在抖动着的城墙，等着它坍塌。可是，烟雾散过，城墙仍旧耸立着。刘昌毅被激怒了：

"炮火掩护，工兵爆破！"

第三纵队的工兵分队分组冲了上去，第一组炸开桥上的鹿砦，第二组、第三组紧接着冲向墙根。然而，敌人的一个暗堡突然开火，第二组战士全部倒在血泊里。第三组上来了，又倒下了……身负重伤的班长翟福明终于冲到了敌人的暗堡口，连人带炸药死死地堵住了暗堡射孔，拉响了雷管。暗堡变成了一团烟云。

刘昌毅的眼睛有些湿润了，泪水挡住了视线。他连忙擦了一把。

"给我将炸药全堆上去！"

在惊天动地的爆炸声中，箭楼、城墙刹那间不知去向，箭楼周围的敌人也一起消失在那巨大的爆炸声中。

七旅十九团泄洪般冲了进去。

进攻宿县西门的九旅二十六团的战斗更加激烈。

西门护城河的桥已被敌人炸掉了。对岸敌人火力太猛，明明暗暗的各个火力点都是清一色的机枪，且互相之间配合得也很密切，扫过来扫过去，铁扫把一般，落在河里的子弹犹如疾雨。

二十六团七连的任务是强行架桥，分5个架桥组，每组6人。

第一组6名战士扛着门板上去，跳到水里，没多久，纷纷倒在了水中，水面浮现6块鲜红的水涡，架桥失败了；第二组呼喊着冲上去，还是失败……5个架桥组前赴后继，都没能成功。20名战士的鲜血在护城河里荡开了一朵朵红云。

炮兵们红眼了，密集的炮弹飞向对面城墙的敌人。

第六组又扑上去，终于成功了。

八连踏着七连用几十条生命架起的生命之桥向墙根冲去。第一突击队的战士全倒在墙根下，第二、第三、第四梯队……

也全部倒下了。

八连连长高玉歧蹭地站了起来，把袖子一卷："他妈的，老子跟你们拼了！"他把枪向空中一举，"冲啊——"全连仅有的十几个官兵，顶着墙头泼豆子般射下来的子弹冲了过去。高玉歧冲到城墙下，发觉腹部中弹。"只能死在城上，不能死在城下！"他一边朝争夺墙头的敌人投弹，一边爬上了墙头。

排长方金城的嘴被弹片炸豁，满嘴是鲜血。"呸！"他吐了一口，端起机枪向涌上来的敌兵扫射。

此时，国民党军守城最高指挥官、津浦路护路司令部中将副司令张绩武，看到解放军上了城，慌忙组织反扑。敌人的几次反冲锋均被八连的官兵们击溃。张绩武看着城上密密麻麻的尸体，急了："军官教导队也给我上！"然而，八连最后的 14 位勇士像钉子一样，死死地钉在城头上。

司号员李式琴流着眼泪挺立在墙头，一气不歇地吹着冲锋号。

三纵队的后续部队滚滚而来。

在炮火的支援下，解放军一举突破了国民党军在宿县东关的防御。

张绩武在解放军的攻击下乱了方寸，将指挥部向后转移，并向东关地区连射数发燃烧弹，企图以火墙阻击解放军的攻势。东关的 1400 多间民房顿时燃起熊熊烈火。

在战火中摔打过来的解放军，最习惯于"赴汤蹈火"了。看到人民群众的生命财产危在旦夕，七旅即令两个营的兵力去抢救。其余的部队更加勇猛地扑向敌人。火海没能阻止部队的进攻，反倒使宿县守军丧失了抵抗的信心，敌军纷纷溃逃。

刘昌毅的指挥部紧随攻击部队进入城内。

解放军各战斗部队经过激烈的巷战，于 15 日 23 时在宿县中心十字街口会合。

此时，只剩下困守在城西南角福音堂的张绩武和他的司令部了。他们用4辆装甲车封锁解放军攻击的道路。

在劝降无效后，十九团向敌军发起了最后的攻击。

解放军的山炮连续击中了福音堂钟楼。八旅的工兵炸毁了一辆敌人装甲车。其余3辆调头就跑，仓皇中掉入沟内，被缴获，随即调转炮口，向福音堂进攻。

张绩武带着一个小分队往南门逃跑，刚跑不远就被十九团截回，被逼进一个房子里，坚守不出。

刘昌毅觉得这座房子有些异常，子弹一打过去就腾起一团白烟。

"给它一炮！"刘昌毅命令。

一炮过去，顿时满天白雾，接着传来一片咳嗽声和叫喊声："别打了！别打了！我们投降！"

原来那是个面粉仓库。

一大群敌人从仓库里涌出来投降，他们全身白色，两手轮换举着，拼命擦去鼻涕眼泪。其中一个满脸除了面粉，还有锅灰。这个自称是商丘兵营管理所中尉书记的人正是张绩武。

指挥部里的剩余敌人几次想突围，均被解放军的手榴弹打了回去。最后，乘国民党军乱作一团之际，解放军战士们高喊着"缴枪不杀"，迅速冲了进去，将这伙敌人全部俘虏。

刘昌毅来到张绩武的指挥部。电台仍在哇啦哇啦地叫着，与南京保持着联络。张绩武还未来得及报告宿县县城的战况，就被俘虏了。

刘昌毅拿起来听了听，只听里面不停在问："你们那里情况怎么样？""请回答！你们那里情况怎么样？"

刘昌毅灵机一动，拉来一个国民党军军官，对他说："你就说，宿县仍在我们手中。"

那边又问："情况怎么样？你们有何困难？"

"就说，弹尽粮绝，快要顶不住了，赶快空投物资！"

那边不耐烦地问："到底要什么物资？"

"我们什么都缺！吃的穿的用的，什么都要！"

没过多久，国民党的运输机便一批一批飞临宿县上空，投下各种物资，吃的、穿的、用的，真是样样俱全，连医院用的口罩也都送来了。

攻占宿县、截断徐蚌线，斩断了蒋介石大本营与其徐州集团的陆上联系，摧毁了国民党军徐州地区陆上惟一的补给线，吸引了徐州之敌，有力地配合了华东野战军主力围歼黄百韬兵团的作战，并使徐州的刘峙集团处于孤立无援的境地，形成又一次"关门打狗"的有利战略态势。既可防止徐州之敌南逃，又可构成宽厚正面，抗击蚌埠之敌北援；不仅可粉碎蒋介石"南北对进，打通徐蚌"的企图，而且形成了淮海决战的格局，使敌首尾不能相顾，为尔后各个歼敌创造了非常有利的战场态势。

对此，刘伯承论述得十分精辟。他说："这样一来，淮海战场上敌人7个兵团，被分割成四坨，徐州'剿总'完全陷入战略围剿之中。徐、蚌首尾不能相顾，这对歼灭黄百韬兵团，创造了极为有利的条件。"

血溅碾庄圩

自从国民党第七兵团在碾庄圩被围以来，黄百韬寝食不安。为了改变被动的局面，黄百韬曾试图以攻为守，可搞了几次突击，除了损兵折将之外，一无所获。转眼几天过去了，解放军的包围圈一天天缩小，如套在脖子上的绞绳，逼得黄百韬有些喘不过气来。狭窄的包围圈里挤满人马和轻重装备，遍地都是伤兵，卧者坐者，呻吟吵架，血迹遍地，脓腥熏人。南京方面每日还派飞机在碾庄上空空投《中央日报》和《扫荡日报》，整版地刊登黄百韬的半身照和蒋介石的嘉奖令，宣传胜利，把黄百韬说成"天将"、"常胜将军"。黄百韬对此只能苦笑。他心里明白，这是蒋介石惯用的手腕。徐州"剿总"的电报天天都有，说邱、李两兵团正在挺进解围，但却至今不见踪影。眼下粮弹两缺，虽有空投，也是杯水车薪，无济于事。随着解放军包围圈的一天天缩小，黄百韬的面孔就像他的阵地一样，一日日消瘦。

黄百韬听着那此起彼伏的炮声，多么希望那炮声就是援兵的脚步声啊！他知道，国民党徐州"剿总"的两路援军，李弥这个云南蛮子，还比较讲交情，但力量有限。能将七兵团拖出死亡陷阱的只有邱清泉，可是邱清泉总以"正规军"自居，根本看不上他这个"杂牌军"，他能拔刀相助吗？幸亏3天前杜聿明到了徐州。

一想起杜聿明，黄百韬心头便舒坦了些。

黄百韬与杜聿明可谓是老相识了。早在1933年庐山军官训练团时，他与杜聿明是上下铺。两人常常谈起孙子兵法、历代战绩，通宵达旦，毫无倦意。他钦佩杜聿明的博学强记和灵活应变，杜聿明则喜欢他的勤勉憨实和坚韧执着。黄百韬虽比杜聿明年长6岁，却事事恭谨，两人交情甚厚。今年六七月间，黄百韬为解区寿年之围陷于帝丘店时，正是杜聿明乘飞机来到豫东上空。黄百韬面对电台，恳求杜聿明莫忘庐山之交，快派邱清泉的第五军来解围。杜聿明带着蒋介石的手谕，飞抵邱清泉部队的上空，对邱清泉晓以利害，邱清泉才冒险出击，使黄百韬幸免于难。

杜聿明是邱清泉的老上级，只有他才能影响邱清泉的作战行动。看来，这一回又得指望他了。

早晨起来，黄百韬洗了两把脸，草草地吃了点早点，便让

卫士们在房檐上架好梯子，自己一级一级爬上房，抠着瓦片一直爬到屋脊。这个堂堂的兵团司令官，就这样骑在了屋顶上。他从卫士手里接过望远镜向西方瞭望，细细地调整焦距，轻轻地移动视线，从近到远，从右到左，又从左到右，在那片土地上来回不停地张望着，把敌我双方的阵地和活动尽收眼底。

解放军阵地的纵深处，穿梭奔跑的全是民工、担架队，而在阵地前沿，好像有无数的铁锹在挥舞。共军在挖工事！黄百韬猛地打了个寒战，心里涌起一丝哀凉。他隐隐感觉到什么……他放下望远镜，深深地叹了口气。

空中传出沉闷的响声，嗡嗡的，如群炮齐鸣。黄百韬不由得高兴起来，一定是援军开始进攻了。有杜聿明在，他就有希望。邱清泉可以不听刘峙的，也可能不听蒋介石的，但他不会不听杜聿明的。可是轰响声却越来越大，黄百韬拿起望远镜往天空观望，原来是一架飞机。他感到有些气愤，一架飞机来干什么，除了投送报纸还能干什么？

"人！人！"碾庄坪里人们一起哄叫。

只见飞机吐出两个黑点，接着，两张降落伞先后打开，慢慢落到七兵团的阵地上。

空降者是位空军少校，是来给七兵团送电台来的。黄百韬十分高兴，急忙让少校向徐州机场呼叫空军支援。

不久，国民党的轰炸机真的来了，成群结队的，在黄百韬的指引下，对解放军实施轰炸。看到解放军的阵地很快就淹没在炸弹爆炸的尘雾之中，黄百韬终于露出了久违的笑容。他握着空军少校的手，不停地说："真乃天助我也！"

由于有了空军的帮助，这几天黄百韬的情绪好了许多，也不再爬上屋脊了。只要一见解放军进攻，就通过电台呼唤空军。空军委实帮了大忙，不仅遏止了解放军的进攻，居然还夺回了几个阵地。

然而，黄百韬的好心情只持续了几天。前几天，邱清泉、李弥兵团就在大许家一线，几天过去了，他们居然再没有前进过一步。他知道，有空军帮助，他可以多坚持一阵子，但援军总是不到，而共军的攻势又不减，他最后的命运又会有什么变化呢？

天空又传来飞机的轰鸣声。一架飞机飞临碾庄，在空中盘旋起来。黄百韬伸长脖子等待着。白光一闪，飞机里弹出一团小得可怜的东西。拾起来一看，原来是蒋介石写给黄百韬的亲笔信：

焕然司令弟勋鉴：

此次徐淮会战，实为我革命成败国家存亡最大之关键，务希严督所部切实训导，同心一德，团结苦斗，期在必胜，完成重大之使命，是为至要。顺颂戎祉。

各军、师长均此。

黄百韬读罢凄然一笑，抬头望着那架飞机。

只见飞机不停地在空中转圈，似乎没有走的意思。黄百韬感到一定有大人物在飞机上。

黄百韬没有猜错，飞机上坐着的是国民党参谋总长顾祝同。顾祝同想实地看看碾庄战场的情况。他给黄百韬投下蒋介石的亲笔信后，命令驾驶员降低飞行高度。

他靠着舷窗看到黄百韬兵团的四周人山人海，如一片片黑压压的蚂蚁正匆忙分割一只死虫尸体。共军哪来这么多人？他也看清了徐州东增援部队的阵地。邱、李兵团在大许家一线，离碾庄不足10公里，为什么就是打不进呢？难道共军真的是铜墙铁壁吗？从江西"围剿"到皖南事变，顾祝同曾与共军多次交手，那时他并不曾觉得共军有多大的力量。他心里焦急万分，拳头几乎要捏出水来。

飞机又飞向大许家一线，顾祝同让飞机下降高度。这一次他看清了，解放军的阵地真是铜墙铁壁。看来，要突破这样的防线，恐怕没有什么指望了。

顾祝同叹了一口气，示意驾驶员，他要和黄百韬通话。

话筒接通了，他听到了黄百韬嘶哑的声音："总长！"

"焕然！身体怎么样？"顾祝同说。

"很好！"黄百韬的眼泪禁不住夺眶而出，"总长，谢谢您！望总长也多多保重自己！"

黄百韬对顾祝同是很有感情的。在黄百韬经何应钦推荐进入他的圈子之初，虽然黄百韬千方百计地与他套近乎，但顾祝同并不信任他。日本投降的那年，黄百韬率部到上海接收，他在静安寺占了一幢小洋房，自己不敢享用，准备送给顾祝同的办公室主任卢旭。谁知，这幢房子的老主人是宋子文的美国朋友。宋子文知道了，把黄百韬叫去，臭骂了一顿。此事让顾祝同十分难堪。幸好此时何应钦公出赴沪，为黄疏通，黄才得以苟安。从此，黄百韬更加小心了，战则拼死争光，退则克己守法，成为当时屈指可数的军中猛士，逐渐赢得了顾祝同的好感。在以后的日子里，顾祝同一直很欣赏他，甚至还救过他两次命。

一次是在1947年5月。孟良崮战役中，蒋介石的嫡系王牌整编七十四师被解放军围歼，中将师长张灵甫战死。国民党军队将领中的黄埔系为之大哗。张灵甫是黄埔四期学生，为蒋介石心腹悍将。蒋介石听说整编二十五师师长黄百韬有意保存实力，隔岸观火，十分恼怒。一气之下，召开军事会议，准备枪毙黄百韬。黄百韬自知难过此关，在会上主动承担孟良崮失败的全部重责。顾祝同有感于黄百韬的委曲求全，为其极力开脱罪责，蒋介石这才喝下一口凉水，溶化了心中的愤恨，只给黄百韬一个撤职留任的处分。

另一次是在 1947 年 7 月。黄百韬率整编二十五师与胡琏整编十一师在南麻与华东野战军兵团展开激战，这回黄百韬吸取上次的教训，拼死作战，损失了近万人。可胡琏却跑到陈诚那里告了他一状，说他作战不力，不予配合，以致贻误战机。陈诚又把此事告诉了蒋介石。蒋介石对上次七十四师灭亡一事还未忘却，就指派战场巡视官李觉前往调查，如属实则严惩黄百韬。后多亏顾祝同告诫李觉调查一定要客观实际，不可偏听偏信。李觉后来向蒋报告了调查结果，说黄百韬非但无过，还有大功，胡琏说的并非真实。就这样，黄百韬又逃过了第二劫。

通过这两件事，黄百韬深感顾祝同对自己的偏爱。从此以后，他驰骋疆场，奋力表现，以实际行动表达了对顾祝同的两次救命之恩的感激。顾祝同对此也心领神会，两人的关系也不断升温。

此时，看到黄百韬再次陷入困境，顾祝同的心情十分复杂。他能够做到的只是以实相告："邱、李两兵团在陇海路两侧重重被阻，看来很难再进。焕然，我认为你如果能全力突围，设法与邱、李会合更好。"

黄百韬怔了一下。他以为顾祝同一定会责令邱、李东进的，可这话的意思明明是告诉他要好自为之。他叹了口气说："好吧，总长！我记得总统的厚爱，记得总长的栽培。我总得对得起总长，我黄百韬不是怕死之人，会战斗到最后一兵一卒的。"

顾祝同眼睛有些发酸，望了望这个老部下飞走了。顾祝同走了，黄百韬的希望也随着破灭了。他有气无力地对周围的人说："准备拼吧!"

19 日，随着解放军华东野战军代理司令员粟裕的一个总攻命令，整个碾庄都震颤了。

队暂缓行进。黄百韬完蛋了，第十二兵团千里赴援目前已无援可赴了，自己再贸然突进，弄不好千里赴援就会变成千里送命。就在黄维思前想后、无所适从的时候，南京方面又来了最新指示：直取宿县，打通徐蚌。

黄维知道此去宿县凶多吉少，但又不敢违抗蒋介石的命令，没办法，他只得率部继续前进。

"反正迟早都要打的！"

清晨，一轮红日从东方升起，朝霞落在滹沱河的薄冰上，泛起橘红色的光。乳白色的晨雾给远山和丛林围上了一袭素净的墙裙，白雾深处不时传来一两声鸡鸣犬吠。

西柏坡的清晨，好久没有这么宁静了。

连日来，毛泽东办公室的灯彻夜亮着。昨夜，这盏灯终于熄了。

"主席睡觉了！"

这消息，带着几分神秘和惊喜，在西柏坡以及周围的东柏坡村、岗南村等驻地的工作人员中迅速蔓延。

大家知道，主席睡觉了，前线的好消息也就快到了。

一声悠长的马叫声把毛泽东吵醒了。他听得出，那是他的老青马在叫，但今天的叫声似乎有些异样。他披衣而起，来到屋外，做了几个深呼吸，然后径直向马棚走去。老青马跟随他多年，转战陕北时，他骑着它和胡宗南的部队兜圈子，指挥部队打了一个又一个胜仗。来到西柏坡后，下面部队送来了几辆汽车，有小吉普、中吉普，还有打下济南后缴获的王耀武的黑色轿车，老青马便没有用武之地了。但毛泽东舍不得丢下它，时不时地拉着它去散散步。他来到马棚，用手抚了抚马的鬃毛，老青马在他温暖的手掌下轻轻地抖动。毛泽东似乎感觉到了碾庄内外，国共两军相互向对方倾泻着炮弹，方圆几十里内成了一片火海，在不到半个小时的时间里有数万发炮弹倾泻到这个只有百余户人家的村庄内。

碾庄已经守不住了，可黄百韬绝不会这么心甘情愿地交出武器举手投降，这不是他的性格。他退到了最后一道防线。这是一条小河，河水不深，却可以构成逾越的障碍。河上仅有一座石桥，黄百韬命士兵在桥边架起一排排的机枪，许多冲上去的解放军战士都纷纷中弹倒下了。

黄百韬不得不佩服这些攻城的解放军官兵，他们在死神面前没有一个人退缩。

22日凌晨，一层淡淡的薄雾笼罩在碾庄上空，黄百韬在手下人的掩护下匆匆忙忙准备向西北方向逃窜，可四面都有解放军，他已无路可逃。

喊杀声从四面八方一齐袭来，黄百韬倒吸了一口冷气。他想起了西楚霸王项羽，想起了项羽周围的汉军为他哼唱的歌谣。

一发炮弹呼啸而过，把一颗碗口粗的树拦腰炸断。黄百韬呆呆地站在原地一动不动。他已经万念俱灰了。

"司令！突围吧？"

黄百韬从沉思中被唤醒，他没有直接回答手下人的问话。

"呸！"黄百韬吐了一口嘴中的沙子，愤愤地说道："我黄百韬戎马一生，在枪林弹雨中闯荡了几十年，从一个小兵到现在的中将司令官，没有靠关系，全凭自己的本事。蒋总统的来宾证上老子也排到了第十七位，值了！今天天欲亡我，我无法逃避，只有一个心愿，就是希望我的死能唤醒那些醉生梦死的国民党官僚将领，只有这样，党国才有希望。"

"司令！你千万别……"

黄百韬掏出自己那把精致的白朗宁手枪，放在手里端详了几遍，然后压上子弹，举起右手对着太阳穴痛苦地扣动了扳机。

黄百韬倒下了，手下人表情木然地站立着，过了好一阵，才手忙脚乱地将黄百韬的尸体裹进军毯，找来降落伞的带子草草捆上，又挖一个坑，葬下了黄百韬。然后分头散去，各自逃命。

四、围歼黄维兵团，合围杜聿明集团

邓小平对中原野战军的将士们说："……此战非常重要，我们一定要拼老命干掉黄维兵团！即使这一仗把中原野战军拼光了也值得。其他野战军照样渡江！中国革命照样胜利！"

……

大家合上本子站起来，走到首长跟前，准备与首长握手作别。

邓小平政委把手一挥，说："等消灭了黄维，战场上握手。"

三路对进，会攻宿县

黄百韬第七兵团被全歼的第二天，即11月23日，蒋介石在南京黄埔路国民党国防部召开了紧急军事会议，研究下一步的行动方案。

在椭圆形的会议桌旁孤零零地坐着几个人，有国防部长何应钦、参谋总长顾祝同及作战厅长郭汝槐等，每个人都带着一副沮丧的脸面。

会议开始后，何应钦、顾祝同认为，第七兵团全军覆没，徐州危在旦夕，为了保存邱清泉、李弥、孙元良3个兵团，徐州守军应当放弃徐州，尽快南下，撤守淮河一线。

作战厅长郭汝槐说："徐州守军退守淮河十分必要，但首先要解决三个问题：一是苏北方面淮阴如何守备，是不是放弃；二是徐州主力南撤，必须打通徐蚌交通线，如何打通；三是徐州主力沿徐蚌线南撤蚌埠后，蚌埠及淮河线如何守备。"

就这三个问题，与会者众说纷纭，讨论了半天，没有结果。蒋介石说："这些问题的解决，还是要听听徐州方面的意见。今天的会议先不作决定，明天请刘峙、杜聿明来一起研究。"

第二天，徐州"剿总"司令刘峙、副司令杜聿明及参谋长李树正奉命飞抵南京，没敢休息，当天下午便匆匆忙忙来到国防部。

紧急军事会议继续进行。

会上，蒋介石先是发了一通脾气，他大骂了刘峙、邱清泉和李弥，认为他们作战不力，以至于黄百韬兵团过早被歼。

刘峙像个犯了错误的小学生一样，老老实实地坐在那里，低着头，顺着眼，看上去很内疚的样子。实际上，他虽然一声不吭，心里却在不停地埋怨：整个作战都是你们在指挥，我不过是个传话筒。仗打败了，关我屁事！

蒋介石火发完了，气也消了，会议接着往下进行。

李树正介绍了徐州方面的情况和徐州到蚌埠段的战场态势及交通状况。

简短的议论之后，郭汝槐提出了国防部的作战方案，主张以徐州方面的邱清泉第二兵团、孙元良第十六兵团向南，以蚌埠方面由第四绥靖区改编的刘汝明第八兵团和新组成的李延年第六兵团（由蚌埠的两个军和东北葫芦岛撤来的两个军组成）由任桥、花庄集向北，以武汉方面（国民党华中"剿总"）派来支援徐州会战的黄维第十二兵团经南坪集向东北，三路对进，夺回宿县，打通津浦交通。

对国防部提出的这个三方协力、南北夹击、打通津浦线的方案，刘峙、李树正均表示赞同。杜聿明也表示同意，但指出目前兵力不足，很难保证成功，一旦此举不成，黄维兵团又有陷于重围的可能，因此建议再增加5个军的兵力，抽调青江浦附近第四军（属第一绥靖区）、南京附近第八十八军、第五十二军等部迅速向蚌埠集中，参加作战。

蒋介石对杜聿明说："5个军肯定抽不出来，我想法子调两三个军参加会战，你们先回去部署攻击。"

对于蒋介石这一决策，刘峙、杜聿明和李树正都抱有很大希望。会后，3人即乘飞机返回徐州。

他们到达徐州后，立即召开会议，传达南京军事会议的指示精神，研究作战部署。按照国防部的作战方案，决定以李弥兵团守徐州，以邱清泉兵团沿铁路以东，以孙元良兵团沿铁路以西并肩南进，并决定于25日开始全线发起攻击。

远道而来的"铁甲雄兵"

在烟云浩渺的茫茫中原，南汝河静静地流淌着，宛如一个美丽的裸卧着的少女，平凡柔弱、温顺恬淡，从不以凶险的浪涛刁难渔船，也不以横行的洪流祸殃百姓。

然而，终于有一天，她被隆隆的汽笛声和阵阵的号角声惊醒了。

汽车、坦克、大炮、人流发出嗡嗡的轰鸣，穿过南汝河上的舟桥直泻东岸。

岸边，一个个头不高、身着笔挺的国民党将军服的中年军官，在左右随从的簇拥下格外显眼。此时，他正扬着漆黑的浓眉，抱着双臂，接受一位年轻记者的采访。

"请问黄将军，你对此行有何感想？"

"坚决执行命令！如期完成作战任务。"这位将军的语调铿铿有力，脸上充满了自信。

他，便是华中"剿总"第十二兵团中将司令官黄维。

黄维，字悟我，江西人。早年在师范学校就读，毕业后在一所小学里当教员。因个子矮小，同事看不起他，学生不太尊敬他，这很令他烦恼，一气之下离开学校去上海闯天下。在上海，他结识了革命志士方志敏和在江西任职的中共党员赵醒农，几个人谈得很投机。适逢这年黄埔军校成立，在方、赵二人的介绍下，黄维成了黄埔军校一期学生。毕业后留校当了教官，还参加了蒋介石指挥的两次东征。1929年，黄维又到参谋本部的陆军大学去学习。由于有了黄浦和陆大这两个国民党军官都很羡慕的头衔，黄维深得时任十八军军长陈诚的赏识，很快荣升为旅长、师长，并于1937年赴德国深造。1937年，抗战全面爆发，黄维被提前召回，接任十八军军长，多次立下战功。后因在国民党内的派系之争中受挫，一度回家静养。1944年再度出山，受命在江西横峰开始筹建培训青年军干部的学校。1947年又在武汉模仿美国西点军校的办学方式创办了新式军官学校。

黄维升任兵团司令官是在两个月前的事。在两个月前召开的军事检讨会上，蒋介石决定组建第十二兵团。对于兵团司令的人选，他最初看中的人是胡琏。胡琏是第十二兵团第十八军军长（第十二兵团下辖四个军：第十、第十四、第十八和第八十五军），第十八军是这个兵团的主力。在此之前胡琏曾同解放军多次交兵，积累了丰富的经验，理应是第十二兵团最理想的人选，就连胡琏手下的一些旧部也都深信胡琏必能当上这个总司令。可蒋介石后来又变得顾虑重重，究其原因，源于国民党内的派系之争。蒋介石与白崇禧之间的矛盾由来已久，特别是最近白崇禧在关键时刻拒不就任徐州"剿总"，使蒋介石大为恼火，而十八军又是华中"剿总"白崇禧手下的部队。由此，蒋介石不得不重新考虑兵团司令的人选，提出让黄维当司令官。

黄维当时对蒋介石说自己已多年没有同解放军打交道了，恐难胜此重任。蒋介石则回答说："为党国效劳，是我们每个军人应尽之责，不消灭共产党，我们都没有好日子过。在国家危难之时，弟就不要推托了吧。"就这样，黄维违心地同意了，并与蒋介石吃了一顿晚饭。

黄维的司令当得并不舒服。黄维的任职命令一出，无疑给了胡琏当头一棒。胡琏憋了一肚子的气，恰好家中来了电报，说父亲病重，就向上司请了长假去探望父亲。尽管黄维在送他的路上一再催促他办好了事马上回来，可胡琏一去就没有了音讯。不仅胡琏不高兴，手下的官兵也是气愤。新任第十八军军长杨伯涛当即称病回老家去了，还是胡琏最终派人把他请了回来。为了平息官兵的不满，蒋介石后来才又任命胡琏为第十二兵团的副司令长官。对此，黄维心里很不是滋味。

第十二兵团虽然是新组建的部队，却是清一色的美式装备。望着这支浩浩荡荡的队伍，黄维长时间以来郁结在心中的不快烟消云散了。他笑了，笑得很天真，信心也增强了。

黄维兵团组建后，一直在豫西一带巡游，想同刘伯承的中原野战军一决雌雄，可折腾了好一段时间，弄得人困马乏，疲惫不已，却连中原野战军的影儿都没见到。就在此时，黄维接到蒋介石的电报：鉴于徐蚌会战一触即发，令十二兵团立即东移，轻装开赴太和、阜阳地区集结。

黄维随即率部日夜兼程，奔赴徐海。

黄维刚一动，刘伯承就指挥中原野战军的第二纵队、第六纵队和第一纵队的一部紧紧地跟上了他。当然，刘伯承不仅要追上他，更想超过他，吃掉他。

由于在前进的道路上河道纵横，沿途要先后经过南汝河、洪河、颍河、西淝水、涡河、北淝水和浍河等河流，黄维兵团的精良装备，特别是大量重型武器此时给他带来了麻烦，加之沿途不时遇到解放军小股部队的袭击，部队不得不像蜗牛一样，打打动动、走走停停。黄维这一路上走得好不辛苦。

在进至涡河时，黄维兵团与解放军再次交火，双方大打出手，黄维费了九牛二虎之力，总算过了河。脚跟还没站稳，先头部队便来报告，说解放军已先越过了浍水，并在北岸建好了阻击阵地。

黄维犯愁了，前面的共军凭险据守、严阵以待，后面的共军又紧追不舍，越来越近，他现在是进退两难。

对解放军的前后夹击，硬拼肯定不会有好结果的。仔细斟酌之后，黄维决定先把队伍沿河向东拉到怀远，贴近徐蚌铁路，也好和友军互相配合，于是黄维向国防部报告了他的想法。可得到的回答是：按原计划从正面迎击解放军。南京方面有它的考虑：一方面黄维前方的正面阻击部队人数不会太多，不可能阻住黄维12万人的精锐部队；另一方面是黄百韬此刻正危在旦夕，必须加紧时间，争分夺秒前去解围。

无奈，只好硬拼了。

黄维拿出了他的全部看家本领，不惜血本地把他的飞机、坦克、大炮全都用上。最后，第十二兵团终于踏上了浍水的对岸。不过代价却是沉重的，他赖以自豪的装备许多都变成了废铁。事隔多年后黄维再次尝到了和解放军打交道的滋味。

此时的黄维与刚出发不久在汝南河接受记者采访的那个黄维已判若两人。那时的他踌躇满志，充满自信，脸刮得也光亮，浑身上下一尘不染。而现在的他，胡子拉茬，信心不见了，人也削瘦了许多，且连日来睡眠也不好，不停地做噩梦。

就在黄维兵团强渡浍水，继续北进的时候，徐州方面传来消息：第七兵团已于当日在碾庄全军覆没，兵团司令黄百韬战场殉职。

黄维闻讯，木呆了！他似乎意识到了处境的严峻，命令部

什么。

"老侯呢?"他问旁边的李银桥。

老侯是专门照看老青马的。

"老侯去世了。"

"嗯?"毛泽东愣住了,迅速转过身来,"什么时候去世的?你们怎么不告诉我?"毛泽东很生气了。

"上周去世的。我们报告过周副主席。周副主席说您这一段时间指挥打淮海战役,怕你难过,分散您的精力,不让告诉。周副主席领着我们把丧事办了。"

毛泽东沉默了,两行眼泪流了出来。

老侯从长征时就跟着他,爬雪山、过草地,历尽了千辛万苦。现在,艰难的日子快过去了,全国就要解放了,而老侯却走了。

整整一天,毛泽东闷闷不乐。身边的工作人员知道毛泽东的心思,小心翼翼地做着自己的事。到了晚上,他们把李讷抱来了,"去,叫爸爸陪你到河边玩玩!"

李讷跑过去,抱着毛泽东的腿:"爸爸,我要到河边玩石子儿,爸爸带我去!"毛泽东看着李讷,露出了笑容,"好,我们到河边去!"

踏着夕阳,他们一起漫步向滹沱河边走去。

脚下是一条小路,越过清水沟,穿过田野,一直伸向河畔。河滩上密密麻麻长着一片芦苇。孩子们快乐地走着,戏耍着。

毛泽东的眉头渐渐舒展开来,和谐的自然景色和欢快的孩子们使他的心绪开朗起来,他的思绪不知不觉地又飞到了烽火连天的淮海战场。

眼下,黄百韬很快就会完蛋了,下一个目标该是谁呢?是邱清泉、李弥,还是黄维?起初,他一直把眼睛盯着徐州,想以黄百韬为诱饵,把邱、李引诱出来,尔后加以围歼。谁知这两个家伙十分狡猾，身子伸向碾庄，屁股却始终不肯离开徐州，难以断其退路。后来，军委几个同志又计划将主力转用于南线，让中原野战军、华东野战军分别歼击黄维兵团和李延年兵团。可李延年总是龟缩在蚌埠，迟迟不肯北上。只有黄维兵团孤军冒进，总前委的刘伯承、陈毅和邓小平接连来电，一再要求先打黄维，可是他们的力量不相上下，而黄维兵团又是清一色的美式装备，这块骨头不好啃啊！如果集中两个野战军合力打黄维，徐州、蚌埠的敌人南北对进，进攻宿县怎么办？

毛泽东的表情变得凝重起来，他蹲下身，摘了一根枯草放在嘴里咀嚼着。

李讷见父亲紧抿嘴唇、心事重重的样子，便扯着他的衣襟，连声问："爸爸，你怎么啦？"

"别吵！再吵就打手！"毛泽东不高兴了。

李讷伸出两只手，平摊在毛泽东面前，笑道："给你打！看你打哪一个。"

毛泽东端详了许久，"是啊！打哪一个呢？让我再想一想。"

毛泽东倏地站了起来，遥望着远方，坚定地说："无论打哪

运筹帷幄的毛泽东

一个，反正迟早都要打的！"

一骑红尘向这边飞驰而来。士兵跳下马，向毛泽东敬了个礼，说："主席，淮海总前委急电！"

根据敌情的变化，经过军委和淮海前线指挥员的反复多次协商，最后定下了淮海战役第二阶段的作战决心：歼灭孤军冒进的黄维兵团。并据此调整了作战部署：以中原野战军7个纵队、华东野战军2个纵队，围歼黄维兵团于浍河南北地区；以华东野战军8个纵队在徐州以南津浦路两侧地区，阻击徐州南下的邱清泉、孙元良兵团；以华东野战军5个纵队南下固镇地区，阻击蚌埠北进的刘汝明、李延年兵团。

请君入瓮

在淮北小李家淮海战役总前委作战室里，刘伯承、邓小平、陈毅围坐在长桌前，借助蜡烛发出的昏暗灯光，认真地审视着铺在桌上的地图。他们交谈着，手中的笔不停地在地图上游动着、指点着。最后，刘伯承在地图上沿着浍河以北一线，画着一个口袋，胸有成竹地说：

"蒋介石固执自信，黄维谨小慎微，不敢越雷池一步。目前，黄维兵团尽管气势汹汹，但远道赶来，处境孤立。我们放开一个口子，在浍河北岸让出一大片地方，让敌人钻进来，然后集中兵力伺机围歼之。"

见邓小平、陈毅听得津津有味，刘伯承接着说：

"我们先在南坪集利用浍河天险大量消耗敌人实力，然后主动放弃南坪集，撤向它的东北地区，纵敌北渡浍河，预先以第四纵队十旅和九旅一部在浍河以北布成囊形阵地，待敌先头部队进入阵地后，则利用浍河隔绝敌人，采用围三阙一、网开一面，虚留生路，暗设口袋的战法，以主力由东西两侧出击，围

住黄维兵团，再割裂、钳制和消灭它。"

没等刘伯承讲完，陈毅高兴地说："这样，黄维这个难打的老虎，就变成好打的惊弓之鸟了。"

只见邓小平站了起来，连连点头，然后把手中的铅笔往桌上一扔说：

"我们当机立断，就这么定下了！"

在中原野战军的历史上，过去采用这个战法，曾打过许多胜

刘伯承元帅

仗。但现在北有杜聿明集团，南有李延年、刘汝明兵团，部署这样大的口袋战，且张开的口袋要装进黄维的机械化兵团——装备精良的4个军12万人，然后把袋口扎起来，却从来没有过。但是，刘、陈、邓对敌我情况洞察入微，能够从千头万绪、变化多端的情况中找出线索，抓住要害。他们看准了黄维手里捏着的棋子，摸清了黄维兵团的实情，同时完全信赖解放军将士能够完成对黄维兵团的包围。因此，以刘、陈、邓为核心的总前委一致同意这一仗就这么去打。

就在断然下决心的那个晚上，一道电波飞向西柏坡。

很快，毛泽东的复电到达刘、陈、邓手中。

（一）完全同意先打黄维。

（二）望粟（裕）、陈（士榘）、张（震）遵刘、陈、邓部署，派必要兵力参加打黄维。

（三）情况紧急时，一切由刘、陈、邓临机处置，不要请示。

11月23日拂晓，东方浸润出朝霞的红晕，淡淡的。转眼间，霞光辉映着朵朵的云片，辉映着苍茫的原野，辉映着明净的浍河。

黄维兵团带着千里征战的烟尘，沿蒙（城）宿（县）公路开始向南坪集进发。

快到浍河岸边时，部队停了下来。黄维走出吉普车，举起望远镜看到：浍河上的浓雾尚未散尽，对岸南坪集笼罩在灰蒙蒙的迷雾之中，简直看不清山冈、松林和公路，也听不到人声、车吼和马叫。对这份宁静他感到惊奇和紧张，似乎听到了自己心脏跳动的声音。

黄维回过头来对十八军军长杨伯涛下命令："立刻实施10分钟的猛烈炮火轰击！"

重炮的炮弹不断地落入浍河中，发出惊天动地的巨响，溅起十几米高的密集水柱，从河上腾空跃起，转眼间又落下来；河对岸的南坪集也接着翻滚沸腾起来，整个大地都在震动。转瞬间，整个浍河连同南坪集都被烈焰烟雾笼罩着。

黄维兵团的第十八军一一八师以轻重机枪、火焰喷射器开路，在排成纵队的坦克配合下，开始横渡浍河。

可是他们的进攻遭到坚守南坪集的中原野战军第四纵队将士的顽强抵抗。

四纵三十一团二营六连，固守在南坪集西南杨庄的一个高地，控制着西、南、东三面的道路。争夺这个高地的战斗十分激烈。在西南和西北面的国民党军派出了12辆重型坦克，轰轰隆隆，凶神一样向六连阵地冲来。掀起的灰尘像狂风卷起飞沙走石一样，朝阵地覆盖下来。烟尘翻卷、天摇地动之中，重炮、坦克炮把整个阵地打得烈焰飞腾、硝烟弥漫，遮盖了战士们的眼睛，使他们不住地呛咳、打喷嚏，但他们并没有慌，这种阵势他们见多了，决心以勇敢加机智与洋装备的敌人拼斗。

当敌人的坦克爬行到离阵地100多米时，随着连长的一声命令，各种武器一齐开火，步枪、机枪、卡宾枪、冲锋枪的子弹飞蝗般的扑向坦克后面的敌人。敌人顿时乱成一团，四处逃窜。转眼间，只剩下坦克在田野上乱转，百米之外尸首成堆。这时，只见九班阵地上猛地从堑壕里跃出一个战士，手里握着一根爆破筒冲了上来，将它插进一辆坦克的履带里。随着一声巨响，一股蓝烟升起，这辆坦克开不动了。其余的11辆坦克急忙调头，开足马力往回奔命，有的向田野里窜，有的向水沟里窜。

敌人当然不会甘心，又一轮的进攻开始了。六连的战士们依托着交通沟和敌人拼杀。三班长张保国负了重伤，一条腿被敌人的炮弹炸飞了，拖着残肢趴在壕里坚持着，"打狗日的，叫他有来无回！"他时而用卡宾枪瞄准敌人开火，时而又掂个手榴弹朝敌人扔过去。十二班班长刘玉奎也负了重伤，机枪打炸了膛，他就端着冲锋枪打，哪里敌人多，就往哪里猛烈扫射。

战斗整整持续了3个小时，战士们咬紧牙关，不叫苦，不言疼，以牺牲自己的决心与敌人浴血奋战，击退了敌人一次又一次的进攻。

到敌人发起最后一次进攻时，阵地上130人的连队只剩下9个人了。眼看敌人要冲上来了，刘玉奎急得大叫："快打！快打！决不准敌人上来！决不能后退一步！"枪打坏了，子弹打光了，他们就和敌人拼手榴弹，手榴弹没有了，就站在阵地上与敌人拼刺刀，刺刀捅弯了就用石头砸，用拳击，用牙咬。

敌人越来越多，整连整连的敌人涌上来，一点一点地吞噬着六连的阵地。正在这千钧一发之际，二连、四连和五连派出的支援分队到了，他们从东、西、南、北四个方向同时出击，向六连阵地上的敌人猛扑过来。敌人顶不住了，像退潮似的退了回去。过了一会儿，一大股敌人又反扑过来，一层层地往前涌。敌人后面有团长、营长督战，虽倒下一片又一片，仍然向前扑来。有几小股敌人突过了壕沟，打到了阵地上。

"同志们，决不能后退！陈赓司令员正在前线指挥我们作战，决不能让敌人从我们的阵地上冲过去！"这一声呼喊，唤起一片惊天动地的杀声，几个排的战士们，挺着雪亮的刺刀勇猛地向敌人冲去，10多个敌人被刺倒在工事边。敌人哪里见过这样的阵势，慌乱了，死的死，伤的伤，剩下的滚滚爬爬地逃了回去。

在南坪集东南面，敌人用两个主力团的兵力，向南坪集两侧的一营、三营阵地进攻。在数倍于自己的敌人兵力、火力的重压下，这两个营的战士们无所畏惧，他们一连打退了敌人的7次攻击。工事打平了，阵地变成一片焦土了，有的连只剩下10多个人了，但阵地始终屹然不动。

黄维被这空前顽强的阻击搞懵了，急得连声大叫："迂回，迂回，赶快向东迂回！"于是，杨伯涛又把火力转向了最东面的三十二团八连，企图用迂回的战法突破第四纵队的防线。

坚守这块阵地的八连只有3个排，不足130人，而敌人却出动了3个团的兵力，敌我兵力、火力悬殊太大了。能阻挡住敌人吗？八连长知道，此时纵队各部都有任务，只有鼓励战士们利用有利地形和坚固工事，全力以赴地应付可能发生的一切。连长对通信员说："向下传：沉住气，灵活地打，勇猛地打！"从连到排到班，大家互相传递着连长的这个命令。当敌人第一次冲到阵地前沿时，全连的各种火力突然骤雨般的向当面之敌开起火来，敌人伤亡虽大，可过了一会儿又组织了第二次、第三次攻击……守在最前哨的僧国广班长和另外4个战士都受了伤，他们互相用绷带把伤口包扎好，又端起机枪向敌人扫射过去，敌人成片地滚进了浍河里。河面上漂浮着一具具尸首。战士李国华这时已身负重伤，倒在血泊里，肠子流出约1米长。看到敌人又上来了，他突然一跃而起，冲进敌群里，拉响了最后一个

ZHONGWAIZHANZHENGCHUANQICONGSHU

手榴弹，与敌人同归于尽。

从早晨7点打到夕阳落山，陈赓指挥的四纵队，以血肉之躯筑起了一道长城，一次又一次地顶住了如潮水般涌来的敌人。

入夜之后，四纵队主动放弃了南坪集，撤向南坪集东北地区。

此时的南坪集已经变成一片焦土。

黄维十分得意，禁不住挥拳高呼："凭我们的兵力，凭精锐的正规部队，把共军打退是预料中的事！我们要乘势攻击，大踏步地向宿县前进，向徐蚌靠拢。"

他命令部队加速前进。

黄维兵团的十八军3个师渡过浍河，大摇大摆地向前挺进。三路纵队、四路纵队、五路纵队，并排而行。军长杨伯涛以为解放军在南坪集受挫、一蹶不振，目前是快马加鞭奔赴宿县、打通徐蚌的良机，于是下令加速前进。

部队改成了急行军，坦克、炮车、汽车都加大了油门，开足了马力，直向宿县方向奔进。

部队长驱直入，周围没有动静，也没有共军的影子。杨伯涛起初没有疑惑，然而走着走着，他似乎觉察到了什么，命令加强侦察和警戒。不久，空军的侦察和各方面情报让他大吃一惊："不仅十八军四周，而且整个十二兵团四周已出现大量解放军，少说也有八九万之众。共军是大纵深配置，三面都有他们的阵地。"他知道事情不妙，于是慌忙打电话向黄维报告，并提出即刻向后收缩的建议，否则越陷越深，前景不堪设想。黄维闻之大惊，急令已渡过浍河的第十八军、第八十五军迅速撤回浍河南岸，"第十军掩护第十八军，第十四军掩护兵团部，第八十五军掩护第十军，依次撤退。部队到双堆集地区集结。立即行动！"

然而，为时已晚，黄维兵团开始收缩时，埋伏在东西两侧

包围黄维兵团

的中原野战军的几个纵队突然全线出击，把他们打得晕头转向。于是，步兵、炮兵、坦克兵争相向后退逃，相互冲击，一片混乱。浍河岸边拥挤着大批的敌人、骡马和各种火炮、车辆，他们互相争夺船只，喧嚷叫骂，有的兵刃相斗，被践踏、被推进水里者不计其数。浍河南岸的部队，也被第十八军潮水般的撤退冲乱。

中原野战军各纵队乘敌人混乱之机，从四面八方向敌人展开猛烈的攻击，枪炮声和喊杀声响彻浍河上空。国民党第十八军的一些官兵听着四周的枪炮声，不明不白地归了西天，有的糊里糊涂地当了俘虏。第十四军也溃不成军了。

位于最南面的中原野战军六纵队和十一纵队，协力封闭了东南方向敌军的去路，扎紧了口袋的口子。

黄维慌了，下意识地扑到地图跟前，指头在地图上颤抖着，缓慢地移动着，想寻找一片安全的地方。然而，双堆集四周全是解放军，仅纵队番号就有 7 个。他急得全身冒汗，如坐针毡，急忙找来了两个亲信：兵团副司令官吴绍周和十八军军长杨伯涛。黄维说：

"现在的情况是，蒙城已被共军占领，我们实际上已经没有依托，没有后方，没有退路。向宿县进攻，难度愈来愈大，看来没有多大取胜把握。如何摆脱共军，请你们动动脑筋。"

杨伯涛表面上在安静地听着，但面部肌肉已在发颤，双拳紧握，十分紧张。他咳呛一阵，旋即开口道："目前形势危急，战局危急，不能再向宿县前进了，应赶快改道向固镇转移！"

黄维没有吱声，把头转向吴绍周。

"改变前进方向奔固镇，这个意见堪称上策。"吴绍周边点头边说。

黄维仍不吱声，捧着杯子一个劲地喝茶。

杨伯涛沉不住气了，大声嚷了起来：

"不能犹豫了，要赶快下定决心，赶快走！"

黄维深深地出了口气，开口道："那就立即向南京报告吧，要求批准我们改变方针，南靠固镇、蚌埠。"

然而，一天过去了，又一天过去了，南京方面迟迟没有回音。

黄维的脸变成了紫铜色，嘴唇也发青了，简直同害了伤寒病一样，脑海里浮现出蒋介石气急败坏的面孔。他知道蒋介石命令一下，雷打不动，难以更改，即便有错，也要执行。

黄维长长地透了一口气道："统帅部的批复没到，看来转移是没戏了。"

就在黄维等待南京回音的过程中，布在他四周的天罗地网正在收缩，把黄维兵团紧紧地合围在以双堆集为中心，半径7.5公里的地域内。

26日清晨，黄维怀着惴惴不安的心情，坐上一辆美式小吉普穿过双堆集街心，在尖谷堆下停下。他由卫兵搀扶着，慢慢

地登上双堆集两个古老土堆之一的尖谷堆。他纵目远望，只见除了足下的尖谷堆和不远处的平谷堆之外，周围全是平坦的旷野，无山可依，无险可守。

黄维暗自思量，这里进退两难，非兵家久留之地矣！可是校长之命难违呀！

他的眼睛不再张望，四周的东西让他感到悲凉和绝望。他长叹一声，向身边的吴绍周问道："在这里坚守行不行？会不会被对方消灭呢？"

"先固守，再伺机突围，只能如此了。"吴绍周神情暗淡地说。

在黄维兵团被围的同时，国民党军由徐州南下的邱清泉、孙元良兵团，由蚌埠北进的刘汝明、李延年兵团都被华东野战军击退。至此，蒋介石的三路会攻宿县的计划完全破产。

顺利回归

双堆集是个100多户人家的平原集镇。镇子附近有一条沟、一个湖、一个洼、两个大土堆和两个土坑，在镇子的西北方向还有一个小土堆。两个大土堆在平坦的大地上拔地而起，海拔均在30米左右，十分突出，双堆集也因此而得名。

在双堆集，流传着一个古老的故事。

相传，这里住着姑嫂二人，两人性情都十分要强，平时总是夸耀自己比对方勤劳能干，各不相让。有一天，嫂子提出，要和小姑子比堆土堆，看谁堆得高、堆得大。于是，姑嫂二人分头堆土。

嫂子能吃苦耐劳，把土堆得又高又大。小姑子娇生惯养，只把土堆得又瘦又尖。

小姑子偷偷去看嫂子的土堆，见土堆得比自己的高大，心

双堆集战场一瞥

生嫉妒，扬起铁锹对准土堆尖上就是一锹，将土堆尖铲掉了，随后将铁锹上的土用力向西北方向甩去。于是，就形成了两个大土堆和一个小土堆，小姑子的土堆成了现在的尖谷堆，嫂子的土堆成了现在的平谷堆，被小姑子铲起并甩到了西北角的那锹土，即成了现在的黄谷堆。

这时，嫂子来了。小姑子一见，急忙拖着铁锹向西逃窜。于是，铁锹划出了一条沟，即现在的"拖锹沟"。慌乱之中，小姑子被一块石头绊了一下，扑倒在地，压出了"肚子湖"、"两奶坑"、"鼻子洼"。

黄维当然无心细听这些魔幻般的传说。他驱车巡视一圈后，回到指挥部，一面命令部队稍事休息，一面继续等待南京统帅部的指示，他希望统帅部能体谅他现在的处境，支持他向固镇靠拢的计划。

日落西山，统帅部仍然没有回音。黄维终于挺不住了，他狠了狠心，传令各部：休整1日，11月27日上午全线出击，一举突围。

26日下午，黄维巡视部队，来到第八十五军一〇〇师的师部，见各项准备工作井然有序，十分高兴。回到指挥部后，他派人把一〇〇师师长廖运周叫了过来。

他一见廖运周，便开门见山地说："刚才接空军侦察报告，共军对我兵团的包围圈已经形成，他们正在构筑工事。你有什么主张？"

"司令官，尽管下命令，我师保证完成任务！"廖运周没有直接回答黄维的问话。

黄维说："我想乘敌立足未稳，打它个措手不及。准备挑选四个主力师，齐头并进，迅猛突围。"

廖运周一怔，说："司令官决策英明！我们既能攻占共军堡垒式的工事和河川阵地，突破他们临时构筑的掩体当然不在话下。我师请求打头阵，愿当开路先锋！如果司令官同意，我请求立即回去准备！"

黄维高兴地说："我没看错，我们党国就缺少像你这样在关键时刻能冲得上去的同志。好，赶快回去准备吧。"

黄维哪曾想到，这个豪放英武的少将师长是一个已有多年党龄的共产党员。廖运周，原是西北军冯玉祥的旧部，曾跟着杨虎城参加过"西安事变"，10年前就加入了中国共产党。他长期潜伏在国民党军中，组织力量，等待时机。一年来，邓小平政委通过地下联络员多次指示他：要积极准备，耐心等待，在最关键的时刻给敌人以重重一击。他和他的战友早就摩拳擦掌，渴望立即回到党的怀抱。现在，这一天终于到来了！

廖运周回到师部，立即派他的副官、共产党员杨振海与解放军联络。

廖运周觉得四个师齐头并进，他的师肯定会居中，左右都是敌人，不利于行动。于是，他主动找到黄维，一见面就说："司令官，我有一个想法。"

"好哇！谈谈吧！"廖运周刚才的态度已使黄维对他颇有好感。

"四个师齐头并进不如用三个师好。把第十八军的主力师留在兵团作预备队，可随时策应第一线作战。让我师先行一步，如果进展顺利，其他师可迅速跟进，扩大战果。"

廖运周讲得振振有词，黄维听得津津有味。等廖运周讲完，黄维将拳头一挥："好同志，你要什么我给你什么，坦克、榴弹炮随你要！"

廖运周说："我已派了几个便衣深入敌后侦察。如发现结合部有空隙，我们就利用夜间提前行动。"

"对！"黄维连连点头，"有机会就前进，要当机立断。"

廖运周回去后，立即作出决定：全师黄昏前做好准备，午夜开始行动。现在惟　使他担心的就是杨振海了。

侦察连副连长出身的杨振海很顺利地进入了中原野战军第六纵队的阵地。

纵队司令员王近山和政委杜义德闻讯立即赶到。

当听说黄维打算以4个师的兵力同时向他这里突围时，王近山猛然一惊，脱口骂了一句："他妈的！这还了得。"转头对身边的参谋说："快，向刘、邓首长报告。"

随后，王近山伸出四个指头问杨振海："4个师同时上？"

"嗯。"杨振海点点头。

王近山站了起来，在屋子里踱起步来，一边踱步一边说："关键是，一要计划好一〇〇师的行进路线，二要封得住口子。"

王近山摸出钢笔，趴在桌子上，与政委杜义德在地图上研究起来。

这个放牛娃出身的红军老战士，人送外号"王疯子"，人长得普普通通，字也写得歪歪扭扭，可打起仗来却是一员猛将。当年他当红军连长时，曾抱住一个敌人滚下悬崖，头上被尖石穿了一个洞，留下个伤疤，使得他后来洗脸时都不能用力搓。

他与杜义德研究了好一会儿，最后决定：在一○○师行军路线的两侧，摆上高粱秆子作为标记；一○○师官兵一律左臂扎白布条或毛巾；两军接触时，打3发枪榴弹作为联络信号，部队最好在天明前拉过来。

杨振海揣着王近山绘的地图回到一○○师师部时，已经是27日凌晨3时。还有两个小时就要出发了。

然而这两个小时，对廖运周来说，却是如此漫长，每一分每一秒都实在难挨。也许是寂寞难耐，他坐不住了，又一次来到黄维的兵团部。

黄维站在挂图前，一动不动。他也是一夜未睡。第十二兵团的存亡在此一举。4个师同时行动，3个师齐头并进，共军便是铜墙铁壁，也要捅它个缺口。

他见廖运周来了，急忙问起部队侦察的情况。

"我正要向你汇报。我们发现共军结合部有隙可钻，在拂晓前行动最为有利，特来请示。"廖运周说。

黄维笑了，顺手拿起一瓶酒，高兴地说："你这个开路先锋精明得很！来来来，我这瓶白兰地藏之久矣，一直没舍得喝，现在我敬你一杯，祝你成功！"

廖运周十分庄重地接过酒杯，与黄维碰了一下，一饮而尽。然后敬了一个军礼，告辞而去。黄维一直送到门口，紧紧地握住廖运周的手，要他多多珍重。

东方露出淡淡的红晕。廖运周让中原野战军派来的参谋在前面带路，自己骑着高头大马，率领本部人马，浩浩荡荡地离开驻地，向西而去。

在中原野战军第六纵队的阵地前沿，王近山的部队正严阵以待。战士们有的抱着武器，准备随时开火；有的抬着修工事的麻包，静静地守候着，只等廖运周的部队一过完，立即封闭阵地通道。

王近山趴在掩体的麻包上举着望远镜。前方灰蒙蒙的一片寂静，看不见什么，也听不见什么，只感到自己的心脏在怦怦跳动。打了多少年仗，什么场合都经历过，从没这么紧张过：如果黄维兵团跟着廖运周的起义部队蜂拥而出，那可就不可收拾了。

前面隐隐传来队伍行军的隆隆声，接着，响了3发枪榴弹。王近山大喝一声："赶快回答信号！"

一队人马开过来了，人人左臂系着白毛巾。走在队伍最前面的廖运周飞身下马，王近山兴奋地迎了上去，两双大手紧紧地握在了一起。

一支支队伍马不停蹄地从缺口处通过，扬起滚滚烟尘。

王近山看着廖运周的部队全部通过，立即下令："封住！"

官兵们从两边推了过去，接着是一片锹镐声，缺口瞬间便合拢了。

王近山一声令下，枪炮声、喊杀声响成一片。

"长江，长江，你们到了哪里？"廖运周的电台里传来了黄维的声音。

"武昌，武昌，我们到了赵庄，沿途畅行无阻。"廖运周回答。

"跟在你们师后面的部队遭到了密集火力的袭击，伤亡很大。"黄维的声音变得急躁起来。

廖运周轻轻一笑，命令部队："所有的电台、报话机全部关掉！"

他妈的，这到底是怎么回事？黄维喝下半杯白兰地，百思不得其解。

黄维的前沿突围部队遭到解放军的突然而猛烈的打击，损失惨重，接二连三地溃退下来。

至此，黄维才如梦方醒。他无可奈何地叹了一口气，提起笔来，电报蒋介石：廖运周叛逃，请求支援。

放弃徐州大逃亡

自徐蚌会战以来，蒋介石变得焦躁不安，坐卧不宁。连日来，坏消息一个接着一个，先是黄百韬碾庄被歼，邱清泉、李弥东进受阻；接着又是黄维途中被困，南北对进失利……实在是处处受制，着着被动。前几天，刘峙又来电，建议将徐州"剿总"移至蚌埠，更使他有一种穷途末路的感觉。他知道刘峙这家伙想溜，可又有什么办法呢？留人留不住心，况且刘峙在徐州也是个摆设，便同意了他的请求。

眼下徐蚌战场大势不妙，蒋介石再次急召杜聿明来南京议事。

杜聿明走进总统官邸会议室的时候，何应钦、顾祝同、郭汝槐等军政要员早已等候在这里。大家正在议论着什么。杜聿明的出现，把一双双充满忧虑的眼睛全都吸引过来。

"来，光亭！"顾祝同将杜聿明一把拉进小会客室，神情颓丧地说，"现在黄维兵团陷入重围，局势十分危急！看来我们得另做计议了。"

杜聿明一听，气不打一处来：这还不是你们弄的！战前说好再增加几个军，可到目前为止，一个军也没有增加！他大声说道："目前挽救黄维的惟一办法就是集中一切可以集中的兵力，和共军决战。否则，黄维完了，徐州不保，南京也就危险了！"

顾祝同知道他话中的意思，连忙解释："老头子也有难处！一切办法都想了，危机四伏，连一个军都调不出。"

杜聿明强压心头的怒火，淡淡地说："那总长的意思是？"

顾祝同用商量的口气说："从目前的局势看，黄维兵团被围，徐州也危在旦夕。我看不如放弃徐州，把徐州的部队先撤出来，留得青山在，不怕没柴烧。部队撤出之后，再寻机与共军决战，解黄维兵团之围。你看这样如何？你们能不能安全撤出？"

既然没有兵力来增援，打下去也没多大意思。杜聿明沉吟良久，思索着说："既然这样，从徐州撤出问题倒不大。只是，放弃徐州，出来再打，更没有把握。只有让黄维牵制住敌人，我将徐州部队撤出，经永城到达蒙城、涡阳地区，以淮河作依托，再向敌人进攻，来解黄维之围。"

顾祝同点了点头，叹了口气。他明白，这样一来，黄维兵团很可能被葬送掉，但能救出徐州作战集团，也不失为弃卒保车之良策。

何应钦推门进来，一向沉稳的他这会儿也沉不住气了，一进门就问："光亭，怎么样了？是打是走？"

杜聿明耐着性子把刚才谈话的内容重复了一遍。何应钦连连点头："唉，只能如此了。老头子知道吗？"

"这就是他的意思！让我先跟光亭通个气。"顾祝同说。

这时，屋外传来一声吆喝"蒋委员长到——"

三人赶紧走出小会议室。

……

杜聿明从南京开会回来，刚下飞机，感觉气氛异常。只见飞机场聚集着一群人，他们痛哭流涕，嚷着要回上海。原来他们是从上海飞来徐州慰问"徐东大捷"的上海市民慰问团。他们带着白银硬币和许多慰问品飞到徐州，下了飞机，径直来在徐蚌线上的军营，慰问作战部队。可他们发现苗头不对，官兵们人心惶惶，正忙着准备撤退。慰问团赶紧丢下慰问品，返回机场逃命，谁知空军硬说飞机不能起飞，调头求"剿总"，"剿总"也不理不睬。原来，慰问团匆忙间忘了慰问"剿总"本部和空军基地。

杜聿明十分气愤，更感到迷惑：徐州怎么知道部队要撤退？他顾不上多想，驱车赶往总部。

一进办公楼，只见满地都是公文、碎纸。他知道，肯定是走漏风声了。他急命警备司令谭辅烈立即查封徐州市的公私银行。没多久，谭辅烈无精打采地回到总部，将帽子往桌子上一丢，叹口气说："完了！人家早他妈溜啦！"

原来，杜聿明从南京回徐州布置撤退，飞机尚在空中，南京的电话就打到了徐州的各家银行。谭辅烈带着大队人马连走几家，都是人去楼空，不但现金运走了，连职员、家眷、细软都已不知去向。

杜聿明曾在东北成功地策划和指挥了葫芦岛大撤军。那会儿，他把消息瞒得天衣无缝，直到部队全部到了葫芦岛，他才突然下令装船。因为有葫芦岛撤退的经验，所以杜聿明向顾祝同夸下海口"撤退没问题"。这回他也想用封锁消息的办法来指挥徐州这次撤军。可是，徐州不是东北，消息还没来得及封锁就早已泄露了，下边的人都清清楚楚，唬住的倒是自己。

杜聿明一时间怒不可遏，当着谭辅烈的面拍案大吼："老头子，钱就是命，连泄露军情都不顾，叫我怎么打仗？"

生气归生气，可事还得办啊。于是，杜聿明开始筹划起来。

杜聿明也有他的机巧之处。尽管徐州已满城风雨，可他就是守口如瓶，一次又一次地命令徐州东南方向的邱清泉和孙元良两个兵团，在西起四堡，东迄水口，东西10多公里宽的正面，集中5个军，全面展开强攻。于是，飞机、坦克、大炮制造出滚

91

滚战云，隆隆南下。

华东野战军将士的阻击异常艰苦。他们与敌人逐村争夺，反复冲击，几乎每一个阵地都展开了肉搏战。

当粟裕正为一线吃紧而调整部署、邱清泉为伤亡惨重大发雷霆的时候，杜聿明已经坐在他的小轿车里，下达命令："撤！"

国民党徐州守军浩浩荡荡地涌出徐州城。

杜聿明这一手干得的确漂亮。直到徐州空巷之后，粟裕才从各个渠道得到确凿情报。

此刻，粟裕的心情格外紧张。尽管几天前毛泽东曾电示"须估计到徐州之敌有向两淮或向武汉逃跑的可能"。粟裕自己也估计到了敌人的撤退方向，并对部队做了动员，但却没有想到敌人撤得这么快。一旦让杜聿明集团撤到淮南，与黄维兵团会合，解放军的麻烦就大了。

他急令各纵队火速全线追击，又电令豫皖苏地方部队控制涡河、沙河渡口，迟滞敌人，同时上报电告中央军委和中原野战军首长，希望在南线支援中原野战军围歼黄维兵团的华东野战军第十三纵队归还建制，从南线北上阻击。粟裕的30万华东野战军战士，又一次开始了规模宏大的追击战。

11月30日，杜聿明集团的3个兵团21个师近30万部队，开始沿徐州、萧县向永城方向撤退。在撤退大军中，还夹杂着从徐州逃出的商人、地主、职员、军官眷属，甚至还有和尚、道士、妓女，三四十万人拥挤在正面宽只有2.5公里的公路及其两侧，缓缓地向前蠕动，扬起铺天盖地的尘埃。坦克的轰鸣声、汽车的鸣笛声，以及官兵的吆喝声和咒骂声连成一片。大军过后，遗落的破鞋和衣服、被汽车压断腿的伤兵、被坦克碾碎的尸体，零零落落地散在路上。

杜聿明坐在车里闭目养神，心里却难以平静。他对撤退中出现混乱现象虽然有所估计，但想不到竟然混乱到如此地步，简直是势如崩溃。他的那辆小轿车在滚滚西去的人流中如一叶扁舟。道路一次次被堵塞，他不得不调来十几辆坦克开路。一个看来格外尽职的年轻军官站在坦克上指手画脚地大喊："快让开！快让开！我们是剿总司令部的！"杜聿明十分讨厌这些神气十足、狐假虎威的家伙，但却无心指责他们。他只想走快些，再快些，越快越好！

追击杜聿明集团的数十万华东野战军将士在正面宽50多公里的淮北平原向西推进。总前委和华东野战军司令部命令各纵队，不仅要进行平行追击，还要进行超越追击，拦住敌人的头。各追击部队不顾敌空军昼夜阻拦，向徐州西南方向漫山遍野地追过去，步兵轻装前进，辎重、骡马丢在后头；炮兵扛着大炮紧跟步兵。公路两侧留下无数路标，已无法辨认是哪个纵队留下的，但所有箭头均指向西方。各纵队指挥员如此下达命令：路标就是路线！枪声就是目标！追上就是胜利！

在徐西广阔的黄淮平原上，两支大军，一支没命地逃，一支拼命地追。双方部队都在不停地向前奔，没有白天，没有黑夜；没了秩序，没了建制；有的快，有的慢；有的落了后，有的追过了头，由此引出了许多新鲜事。

"你们怎么跑到我们地盘上来了？"

解放军七十四团三营，昼夜不停地行军，也不知道追到哪儿了，由于过于劳累了，便停下来稍事休息。营长披着打碾庄时缴获的美式陆军短大衣，独自来到一条河边，洗起脚来。他把双脚伸到河水里：啊！真舒服。一个士兵走了过来，他漫不经心地问："哪个连的？"

"报告长官，我是八连的！"那士兵一个立正。

营长继续洗他的脚。可一琢磨这话不大对劲。抬头一看这

士兵穿的是国民党军服，心想他准是新投诚过来的，顺口说了一句："叫你们连长跑步到这儿来！"

那士兵又一个立正："是，长官！"

营长还在水里蹭双脚。一声响亮的报告，他抬头一看：嗯？怎么是戴大盖帽的国民党军官？

"你……你们？"敌军连长也被搞懵了。

幸亏通信员这时跑了过来，扑上去缴了那连长的枪。

营长这才一边匆忙地揩脚，一边说："你们被解放军包围了，快集合全连放下武器吧！"

那连长还不解地问："你们怎么跑到我们地盘上来了？"

"谁说是你们的？"营长也认真起来，"老子三营先到的！"

"我们是解放军，你们被俘虏了"

排长宋士孝听说一大群敌人在刘家湖地里睡觉，便想去抓些俘虏。

昏昏的夜，冷冷的风。疲惫至极的国民党官兵蒙着大衣，裹着毯子，倒在湖地里呼呼大睡。宋士孝大喊一声："快起来，集合了！"

一个国民党士兵揉着眼睛问："师部走了么？"

六班长谢家安大声说："师部早走啦，就剩你们啦！"

远处几个解放军战士也喊起来："师部朝东南走啦！快起来走哇！"

300多名国民党官兵骂骂咧咧、歪歪扭扭地跟着宋士孝走，走进了解放军的阵地。

有了这一次的经验，宋士孝的雄心更大了。第二次，他把他的排都带来了，战士们走进酣睡的敌军营里，揪耳朵，用脚踢，一个个推，一个个喊："快起来！出发啦！"但那些国民党官兵太累了，谁都不想动。

一个解放军战士突然大叫："共军快来了，起来快走呀！"

这一喊果然灵验，国民党官兵顿时像炸了锅一样，纷纷从地上爬起来，叠大衣，卷毯子，慌作一团。

宋士孝喊："快！到陈双楼后边集合！"

1000多名国民党官兵浩浩荡荡地走进一块低洼的平地。

队伍站好了，解放军的连长往高台上站："我们是解放军，你们被俘虏了。"

面对四周一支支黑洞洞的枪口，国民党官兵乖乖地放下了武器。

"将在外君命有所不受？难啊！"

敌人经过两个昼夜的强行军，12月2日晚部队已到达距离徐州百余里的李石林、孟集一带。由于空军通报说发现大批共军由濉溪口南北向永城前进，加之部队行军秩序十分混乱，杜聿明于是决定休息一晚，次日再向永城进发，以免与解放军遭遇。

第二天，杜聿明用过早餐，正准备登车启程，前边送来了蒋介石空投的手谕：

……据空军报告，濉溪口之敌大部向永城流窜，弟部本日仍向永城前进，如此行动，坐视黄兵团消灭，我们将要亡国亡种，望弟迅速令各兵团停止向永城前进，转向濉溪口攻击前进，协同由蚌埠北进的延年兵团南北夹攻，以解黄维兵团之围……

一看了蒋介石的手谕，杜聿明一个劲地叫苦："老头子怎么又变卦了？原先讲好了的，打就不走，走就不打。现在已放弃

徐州，半路上与虎狼之敌纠缠，必致全军覆灭！"

原来，蒋介石心里还是放不下被困的黄维兵团，看杜聿明率部安全到达李石林地区，头脑又发热起来，认为这是一个好战机，便临时做出决定，让杜聿明集团南下，解黄维兵团之围。

蒋介石的突然变卦让杜聿明左右为难：部队仍按原计划向永城前进，撤到淮河，再向共军发起攻击，解黄维之围，也许会更为稳妥。可又想，如果能够解黄维之围，尚可将功补过，若沿途遭共军截击，损失重大又不能解黄维之围，老头子势必将整个失败的责任归罪于我，弄不好要上军事法庭。杜聿明苦思冥想，不得其果，不禁仰天长叹："唉，战亦死，不战亦死，如之奈何啊？"

杜聿明决定召集兵团司令官来共同商议对策。他对大家说："如果按原计划行动，到达目的地绝无问题，至于能不能救出黄维，就难说了。如果照老头子的命令行事，我们成功的把握有多大？请你们发表一下意见。"

大家看了蒋介石的命令，脸色黯然，默不作声。

孙元良抬起头来，看了看杜聿明，用试探的口气说："'将在外，君命有所不受'，我们还是按原计划行动。"

杜聿明叹了口气说："一旦结果不如所愿，谁能吃罪得起？嗨！将在外君命有所不受？难啊！"

邱清泉不以为然地说："那就按老头子的命令行事，从濉溪口打下去。"

杜聿明说："大家不要急于表态，再看看命令，多考虑一下。"

几个人又将总统手谕看了一遍，神情更加沉重起来。"亡国亡种"，老头子用词够严厉的啊！

杜聿明见大家都不做声，便说："我们敢于负责就走，不敢负责就打。这是全军生死之地、存亡之道，不可不慎重！"

邱清泉又发话了："总座，照命令打吧！今晚调整部署。从明天起，我们第二兵团担任主攻，第十三、第十六兵团在东、西、北三面掩护！"

杜聿明看了看孙元良。孙元良点了点头，没有说话。

他背着手在室内来回踱步，最后终于停了下来，用手在桌子上一拍："打！"

两天过去了。杜聿明集团艰难地向南推进到陈官庄地区之后，便开始在原地打转，再也无法向前推进了。

就在这时，华东野战军猛追猛打，至12月4日拂晓，用10个纵队将杜聿明集团的30万大军紧紧地包围在徐州西南65公里处的陈官庄、青龙集、李石林狭小的地区内，使敌成为瓮中之鳖，插翅也难以飞出去了。

邱清泉和孙元良匆匆赶到李弥兵团的指挥部，来见杜聿明。孙元良一见面便说："总座，目前共匪东北野战军已南下。而我们的攻击进展迟缓，掩护阵地又多被突破，再战下去，恐怕只有死路一条，当前只有请总座自行决断，才可挽救大军。"

邱清泉紧跟着说："我同意良公的意见！现在看来，要重新考虑一下我们的战略了。"

杜聿明瞥了邱清泉一眼，没有吱声，转过头来对李弥说："丙仁，你的意见呢？"

李弥沉吟半晌，说："请总座决定，我照办！"

杜聿明见他们转眼间变得如此懦弱，真是又气又恨，大声训斥道："你们如果两天前说这话，还可以班师而归，对得起老头子。今天，恐怕晚了！既违命令，又不能班师。有何脸面去见老头子！"

邱清泉满面羞愧，结结巴巴地说："总座，不要紧，我们还有力量。亡羊补牢未为晚矣！我第二兵团保驾你安全突围。"

杜聿明苦笑一下说："好吧！有一个兵团如能突破一路，还

有一线曙光，否则不如遵命打到底。老头子有办法救我们出去，当然好，不然，只有为他尽忠了。"

入夜，杜聿明集团3个兵团从东、西、南三个方向开始全线突围。

孙元良求生心切，命令部队轻装捷行，把重武器和装甲运输车全部破坏，把炮兵牵引骡马改为乘骑，在没有通知第二兵团的情况下，穿过第二兵团第五军阵地，向外突围，没想到在薛家湖一带遭到解放军迎头痛击。势欲缩回，又遭第五军的火力阻击。一时间，死伤枕藉，哀嚎彻夜。第十六兵团一万余名官兵一夜之间灰飞烟灭。孙元良躲在老百姓家的床下才得以幸免。

邱、李两兵团合力南攻，每次攻击共集中5个师以上的兵力，以坦克为先导，蜂拥出击，企图以集团冲锋对付解放军的顽强防御，一举撕破解放军的防御。然而，就连鲁楼这个普通的村庄，都成为他们不可逾越的屏障。

国共双方在鲁楼激战了十天十夜，邱清泉和李弥两兵团损失惨重，第五军四十六师少将师长陈辅汉命归黄泉。向来稳重的李弥变得狂躁不安，亲手枪毙了失守高窑的团长。然而，杜聿明集团始终未能前进一步。

杜聿明见突围无望，决定就地固守，并电告蒋介石增援。他知道，西安胡宗南、武汉白崇禧手里还有一定的军事力量。

华东野战军将士则乘势缩紧包围圈，加固工事，将杜聿明集团紧紧地包围在陈官庄地区，伺机将其围歼。

"吃一个，挟一个，看一个"

在解放军淮海战役总前委司令部内，一张徐州到永城一带的地图铺在桌上，刘伯承、陈毅、邓小平正围在桌子周围研究作战方案。

这时，通信参谋报告，华东野战军司令部的电话已经架通。

刘伯承高兴地站起来，接过话筒，大声地说："粟裕同志吗？我是伯承，你好！"

话筒里传来了华东野战军代司令员兼代政治委员粟裕的声音："你好！陈毅、小平同志好。"

刘伯承高兴地说："华东野战军部队辛苦了。徐州不战而得，杜聿明3个兵团被围。现在两大野战军各包住一坨。中国人讲究吃，我们得在吃掉这两坨敌人上讲出个道道来。"

于是，两大野战军就如何吃掉杜聿明集团和黄维兵团"这两坨"开始探讨。

刘伯承、陈毅、邓小平分析淮海战场形势后认为，淮海这个大战场已形成了3个分战场：双堆集、陈官庄和蚌埠以北地区。要保持战役主动权，就只能迅速歼灭黄维、杜聿明两股敌人中的一股。若同时围歼黄维、杜聿明两股，则作战时间拖长，解放军就可能陷入被动。

粟裕、张震也感到华东野战军的兵力不足，尤其是阻击李延年兵团北进的兵力少，万一伤亡大又阻不住，势必影响对黄维兵团或杜聿明集团的作战。于是，向总前委建议，对杜聿明集团暂取守势，从包围杜聿明集团的华东野战军主力中抽调一部分兵力，参加围歼黄维集团，以求先歼黄维兵团。在解决黄维之后，中原野战军负责阻击李延年、刘汝明及稍后赶来的宋希濂，华东野战军则集中全力解决杜聿明集团。

总前委慎重研究后，确定了作战方案，即首先歼灭黄维兵团；对杜聿明集团暂取"大部守势，局部攻势"，阻其南逃；同时增加蚌北阻击李延年兵团的兵力。

刘伯承把总前委的作战决心形象地概括为"吃一个，挟一个，看一个"。他对"吃"、"挟"、"看"做了风趣的解释：歼击黄维兵

ZHONGWAIZHANZHENGZHUANQICONGSHU

团，围困杜聿明集团，阻击李延年、刘汝明兵团的作战部署很像是一个胃口很好的人上宴席，嘴里吃着一块，筷子上挟着一块，眼睛又盯着碗里的一块，就是"吃一个（对黄维兵团），挟一个（对杜聿明集团），看一个（对李延年、刘汝明两兵团）"。

最后的"晚餐"

11 月 24 日黄维兵团强渡浍河，钻进了中原野战军预设的口袋后，突围不成，转入固守待援。

黄维在他那地下两米深的、构筑得相当宽绰的地下指挥部里来回地踱步。连日来，他越来越少言寡语。

参谋长兴奋地走进来说："胡琏副司令官从南京回来了。"

黄维精神为之一振，急忙出来迎接。

一架小型飞机徐徐降落。胡琏走了出来。

黄维走上前去握着胡琏的手，迫不及待地问："你来了就好了，老头子怎么说？"

"他问我有什么办法改变十二兵团现在的态势？我认为这次是国、共两党的大决战，如果这一仗打胜，可以凭淮海拱卫南京，和共产党平分天下，再图反攻。我建议老头子放弃北面，固守南方，集中全力打这一仗。"胡琏回答说。

黄维问："老头子接受你的建议吗？"

胡琏摇摇头说："老头子担心傅作义集团南下来援，东北、华北共军也会跟踪南下；胡宗南东进来援，共军会西入四川。夺取天下铁定的是先灭蜀，然后顺江而下直灭东吴。至于白崇禧他与老头子的关系，你也知道。他根本不听调遣，百般阻挠十四兵团东调。"

黄维说："那我们怎么办？"

胡琏说："老头子还是决心调兵增援。让我们坚守，杜聿明

的 3 个兵团已经集结濉溪口以北。"

黄维站起来。看来胡琏没带来灵丹妙药。他淡淡地说："与大家见个面吧,他们都很想你。"

到了晚上,各军军长都来到兵团司令部里。

胡琏把他带来的好酒、肉、水果、香烟、罐头都拿了出来,真是琳琅满目,像是在举行庆祝宴会。这些东西被灯光一照,五光十色,富丽堂皇,不亚于身在天堂。人们暂时忘了这是双堆集,忘了这是在四面包围之中,忘了一切的不幸和危险,大吃大喝起来。

正当大家开怀畅饮的时候,警卫员押进一个身着十二兵团的服装的人走了进来。

进来的人掏出一封信来,用一种无所畏惧、置生死于度外的冷漠神色打量了在座的人。

胡琏把信接过来拆开。

刚才的欢愉,已经烟消云散,一片沉寂,大家都屏着呼吸,注视着胡琏的表情。

胡琏把信看完,默默地把信交给黄维。黄维把信接过来,只见信上写着:

黄维将军:

现在你所属的四个军,业已大部被歼……你身为兵团司令,应当爱惜部属的生命,立即放下武器,不再让你的官兵作无谓的牺牲……

刘伯承　陈毅

1948 年 12 月 12 日

所有的人都把眼睛转向黄维。

黄维慢慢地把信紧攥在手里,用眼逼视送信的人。

送信的人被带走。

黄维对胡琏说："这是最后通牒。看来共军要立即发动猛攻。阵地的情况你看到了，十二兵团的处境已经成了瘫痪状态。各级指挥官都在第一线，阵地一旦瓦解，没有地方可逃，不死即伤，或是被俘。"

他长叹一声，接着说："原来我不准备长干，兵团成立之后就把司令官的职务交给你。现在，我却不能不干了。我的意见，你再回南京去敦促救兵，如果援军有指望，你亲自带援兵来。如果没有指望，为保存十二兵团一部分力量，建议老头子允许我们突围。"

他的声音是殷切的，打动了胡琏。

这次该看胡琏围着屋子转了：整个兵团几乎是在坟墓里埋葬，人们情绪低落到了极点。现在谁有回天之力？

胡琏转过身来，与黄维打了个照面。两人四目相对地望着。

"我们一定要拼老命干掉黄维兵团！"

在中原野战军司令部内，各纵队司令员到齐了。

墙上的幔帐慢慢拉开，展示出了我军作战决心图。人们的精神为之一振。

刘伯承主持会议，他宣布：黄维拒绝放下武器，企图固守，顽抗到底。总前委决定，12 月 13 日对黄维兵团发起总攻：东集团首先消灭双堆集以东的李围子、沈庄、杨围子、四个杨庄地区之敌人；西集团歼击双堆集以北及以西的马庄、三官庙、葛庄、许庄、后周庄之敌；南集团歼击双堆集以南李工楼、大王庄的敌人。攻击重点在东集团，攻占并控制上述地区，然后攻击双堆集，全歼敌人。总攻战斗发起后应进行连续攻击，直到达成上述任务为止。各部要不惜以最大的牺牲保证完成任务。

在短暂的说明之后，他说，下面请邓政委讲话。

邓小平站了起来。

"同志们！"邓小平一改往常平稳的声调，激动地说，"我们这次围歼黄维兵团是非常艰苦的，也是非常光荣的。要消灭敌人，没有牺牲精神是不行的！"

说到这里，邓小平停了下来，神情庄重地注视着他的战将们。各纵队首长也停止了记录，抬起头来。他们知道总前委书记还有话要说。

总前委书记——邓小平

邓小平清了清嗓子，大声说："此战非常重要，我们一定要拼老命干掉黄维兵团！即使这一仗把中原野战军拼光了也值得。其他野战军照样渡江！中国革命照样胜利！"

"邓政委！"第四纵队司令员陈赓"刷"地站了起来，"我们第四纵队有破釜沉舟的决心，不惜一切牺牲，承担最艰苦的任务。即使打到只剩下一个班，我陈赓甘心当班长，一定坚持到最后胜利！"

杨勇站起来了。

秦基伟站起来了。

陈锡联站起来了。

……

这是一次作战会议，更是一次誓师大会。

会议结束了，大家合上本子站起来，走到首长跟前，准备与首长握手作别。

邓小平政委把手一挥，说："等消灭了黄维，战场上握手。"

各纵队指挥员立刻立正，敬礼。

陈毅司令员站起来说："来！我和你们握手，我不是和小平同志唱对台戏。这是总前委对同志们的信任，是我作为华东野战军司令员，对中原野战军同志的祝贺。"

陈毅司令员和拥上来的各纵队首长们一个一个地拥抱。然后大家大步走出司令部，跳上马向自己的驻地飞驰而去。

双堆集地区的气氛骤然紧张起来。中原野战军各级指挥员们都到最前沿观察地形；步兵连夜挖掘工事，交通壕不断向敌阵地延伸；火炮进入阵地，炮口直指敌人阵地。

总攻时间到了。

无数道火光划破夜空，猛烈的炮火像钢铁的冰雹轰击着黄维的阵地；炸药发射筒投掷的大量炸药，像火山爆发，使得双堆集成为一片火海，大地颠簸起来。

"后边没我们呆的地方"

连长张乾静带着他的连队跳出战壕冲向敌人前沿。一阵手榴弹打过去，借着爆炸的烟幕，张乾静带领战士们端着枪冲入敌人阵地。敌人阵地内的火力点活跃起来，张乾静从机枪手手里把机枪夺过来，依托攻占的战壕向敌人猛扫过去。后面的两个排跟上来，在敌人阵地纵深的交通沟、地堡群中间与敌人展开了肉搏战。

团长梁中玉带着后续部队冲上来，见到张乾静就说："你们的任务是突破敌人前沿阵地，任务已经完成，把队伍带下去。"说罢便向前边跑去。

张乾静一看他身边只有5个人了，就命令通信员："司令员都到了前边，后边没我们呆的地方。南平集我们都没后退一步，这时候更不能后退。去把咱们的人集中起来，到这里集合。"

四处都在战斗，到处都是枪声和战士们的喊杀声，遍地都是尸体。通信员顺着交通壕找着：同志，咱们连里没人了，能坚持的就不要下去。遇见牺牲的同志，通信员就凑上去，合上死者的眼睛，泪水串珠似的流下来：闭上眼吧，我们给你报仇。他爬过的地方，伤员们纷纷挣扎起来，提起自己的武器向前冲去，他们的伤口还在流血。通信员从后边回来的时候，他后边有十几个人跟着他走回来。他们来到连长跟前，一个挨一个站住。

张乾静数了一下说："连我自己，咱们还有 20 个人。走！和兄弟部队一起作战去。"

一队民工扛着弹药走上来，带头的是个老大爷。

张乾静迎住老人："老人家，你怎么来了！"

老人说："打蒋介石人人有份，我们送弹药来了，有手榴弹、机枪子弹。"

战士与民工们一起向前冲去。

团长梁中玉看见老大爷吃了一惊，连忙说："这里不能呆，请老人家到后面去。"

"你们能呆，我为什么不能呆！"老人说。

看着一个个浑身血迹的战士们，老人心痛得说不出话来，泪水顺着脸颊一个劲地往下淌。他用颤抖的手帮助战士往身上结扎手榴弹，像对孩子似的，怜爱地抚摸着战士们。

团长梁中玉站在破残的工事上，向老大爷说："老大爷请放心，我们一定打好这一仗，绝不辜负中原父老对我们的期望。"

团长派通信员扶着老人下去。老人流着眼泪下了阵地。

"千载难逢的好机会"

被围困在陈官庄的杜聿明见解放军开始对黄维兵团大打出手，赶紧把各兵团司令召集起来商量对策。

"南面打起来了，这是我们突围的绝好时机，此时不打，更

待何时!"杜聿明兴奋地说。

"总座所言极是,现在共军正全力对付黄维,无暇顾及我们,这是千载难逢的好机会!"李弥紧接着说,"一旦共军得手,再回过头来集中力量对付我们,那就不堪设想了。"

"我们第二兵团愿做开路先锋,在共军的包围圈中杀出一条血路来!"邱清泉信誓旦旦地说。

大家很快达成了共识:尽快突围。

于是,杜聿明命令第七十四军、第七十二军立即向铁佛寺方向攻击前进。

邱清泉动用了全部家当,发起猛攻。

几十道白光在平地上扫射着,炮口吐着火舌,坦克在漫天的烟尘中向前急驰。

杜聿明拿着话筒,不停地问:"前进了多少?"

邱清泉回答:"前进了3公里。"

杜聿明高兴地说:"继续前进,越快越好。老头子把胡琏弄到了双堆集,如果黄维突围,我们就惨了。"

坦克一辆跟着一辆开进平展的土地上,畅行无阻。

邱清泉看表,时针已逼近午夜。他得意洋洋地向杜聿明通报:"我们前进了7公里。"

杜聿明一边看着地图,一边对着电话叫嚷:"拿下大回村!"

忽然,前面升起了一颗信号弹,接着是大炮轰鸣,喊杀声一片,解放军的炮弹像冰雹一般砸了过来。邱清泉的坦克一辆辆地往回跑,步兵像潮水一样溃退下来。

邱清泉惊慌失措,声音变得嘶哑了。他向杜聿明报告:"我们受共军的疯狂阻击,进攻被迫停止。我七十四军、七十二军的接合部也遭到共军强烈的反冲击,部队发生混乱……"

杜聿明头上冒出汗来,叫着:"投入预备队。"

旁边的参谋把另一个话筒交给杜聿明,对方说:"共军在北

面发动了猛攻，十三兵团、十六兵团也快支持不住了。"

杜聿明急得在屋里团团转："叫他们一定要顶住……还有，赶快向中央发报，和蚌埠联系，取得协调一致。"

这夜，杜聿明的阵地被压缩了$\frac{1}{2}$。

"我们有的是炮弹。炮弹不用腿，明白吗?"

在国民党的蚌埠指挥部里，总统的特派员把蒋介石的亲笔信交给李延年。

李延年拆开最高统帅给他的亲笔信，脸色渐渐暗淡下来。蒋介石在信里说："现在刘伯承集中主力围攻黄维兵团于双堆集，杜聿明3个兵团由北往南打，你部应即集中力量北进，摧毁共军的防线，救出黄维兵团。"

"走，到前边看看去!"第六兵团司令李延年穿上大衣走出指挥部。

他们乘着车子驶出蚌埠，驶过淮河，一直到固镇大桥。军长和师长们迎着他们。

士兵们顺着交通壕沟猫着腰，往来穿梭。

李延年和特派员挺直着身子，穿着一尘不染的高贵的将军服，带着一溜随从人员，提着望远镜向前边瞭望。

他们看到的是一望无边的褐色土地和解放军构筑的一道道阻击阵地。

李延年先把军、师长们打发走，然后对特派员说：

"看见了吗? 这是共军的纵深配备。老头子只知道南北对进，我们能进得去吗? 即使进去了，要回来可就难了。现在刘伯承、陈毅的几十万大军流窜到永城，不会再流窜回来吗? 我看解围的希望不大。"

他见特派员不吭声，就接着说：

"老兄，老实说，我们有一种要不得的精神，总是说共军流窜。人家是流窜吗？过了黄河向大别山流窜，把我们打得不亦乐乎。人家流窜了整个东三省，流窜了济南、郑州、开封，又流窜到了徐州。这叫什么？这叫自欺，把别人骂得一钱不值，自己却节节败退。"

特派员见他又开始发牢骚，心里不太舒服，又不想引起敌对情绪，便有意转换话题说：

"总统要派他的次子纬国带两个战车营来参战。"

"谢天谢地，我希望总统亲自来指挥，省得我们这一级受夹板罪。"李延年仍旧是牢骚不止。

特派员迎合着说："没办法。"

李延年说："有办法，认输，承认自己低能。争强好胜的人自己放个屁都觉得比别人高明一等，其实外表上衣冠楚楚，内里儿的却是一肚子屎尿。登上大雅之堂，用冠冕堂皇来掩盖内心的卑鄙，这叫骗人。为什么我们才干了20年就走下坡路？想当皇帝，终身任职。打倒了皇帝自己上台，又如法炮制。"

这时，一个军长上来请示：前面地形开阔，攻击难，撤也不易，且共军阵地坚固，以逸待劳，要想突破大纵深阵地十分困难。是否继续前进？

李延年说："打共军，非得靠近才能打吗？我们有的是炮弹。炮弹不用腿，明白吗？"

军长神秘地笑了一下，敬礼退下去了。

李延年继续着他的高谈阔论："有能力怎么样，有战功又怎么样？功高震主，找机会查办你。不听话的免官，这都是从皇帝老儿那传下来的。刘峙就是个例子，庸碌无能，唯唯诺诺，但是总有他的地位，又不担风险。杜聿明接替徐州"剿总"司令的同时，就是他受难的开始。哪一朝皇帝都需要人给他办事，

但是他不能容忍能干的人，因为他自己无能最后也将倒在这些能干的人的手里……

副官跑了过来，送上南京方面的电报：空军侦察，共军工事逼近双堆集。大战在即，望火速进兵。

李延年看过电报，递到特派大员手里，笑着说："第二道金牌。别着急，还会有第三道、第四道……"

砸碎"王牌"

马围子是双堆集正北的一个村庄，分东马围子和西马围子，南面紧靠三官庙、大王庄和马庄，大王庄的村南就是黄维兵团惟一的补给点——空投场。由于马围子一带所处位置重要，黄维点名指派他的"王牌"五十二团来扼守，还抽调了三个加强营给这个"王牌团"。该团团长唐铁冰，是个反动透顶的家伙，与解放军积怨颇深。

负责攻打马围子的是李长林指挥的团。为了拔掉这个"钉子"，他带领部队进行了充分的准备，对敌人的火力配备、战术特点、工事构筑等做了详尽的研究，并开展军事民主，召开"诸葛亮"会，发动大家献计献策。根据大家的建议，为了减少冲锋道路上的伤亡，把堑壕推进到了敌人的鼻子底下。

黄昏时分，一颗红色信号弹腾空而起。

工兵连利用地下通道，向敌人发射了二三十包炸药。霎时间，天崩地裂，火光冲天，敌人的地堡、鹿砦被炸得四面开花。随即，一线营的两路突击部队同时发起冲击。地堡里的敌人，还未完全清醒过来，已挨上了炸药包。随着几声巨响，突破口打开了。战士们喊着杀声，向突破口冲去。刚刚冲进鹿砦，只见庄头上飞出一道道猩红的火蛇，地上蹿起一溜溜大火。火光中，地堡、鹿砦、人影都浮现出来。敌人使用火焰喷射器了！

战士们对敌人的这一手，早有了准备。他们端起冲锋枪，对准敌人横扫过去，敌人的火焰喷射器手倒下了。接着几个手榴弹又扔了过去，喷射器引发的火焰被爆炸的气浪震灭了。战士们端着枪打开刺刀冲上去了，与火焰喷射器后面的反冲击部队迎了个照面，于是在敌人的战壕边，展开了一场惊心动魄的肉搏战……敌人的反冲击被打下去了，部队进入了突破口，并随即向敌人的纵深突进。

正当部队向纵深发展时，前面突然有些骚乱，枪声也随之稀疏下来。各连都报告说："战士们直淌眼泪，流鼻涕，打喷嚏，嗓子发苦，不知什么原因。"

"毒气!"团长李长林心里猛然一惊。好你个唐铁冰，真是狗急跳墙，恶毒到了极点。纵队司令员陈锡联听了报告后，说："可能是催泪性毒气，马上叫部队用尿水洗眼。攻击不能减弱，要往前猛插，离敌人越近，毒气的威胁越小。"就在这时，敌人喊着口号反扑过来了。毒气还未解除，前面的部队，眼泪淌得睁不开眼，喷嚏一个接一个，打得直不起腰。怎么办？团长当机立断，立即命令作为预备队的二营投入战斗。敌人的反冲击又被压下去了。

天黑了，西马围子到处是枪声和爆炸声，一处火光未熄，另一处火光又起。部队分成数路顺着堑壕向前推进，遇堡爆破，逢沟扫射，见一处，打一处。部队打到村子的西面时，西南角上枪声大作，火光闪闪，人影晃动。

"怎么回事？莫不是十连已经切断了敌人的退路？"

团长命令部队迅速向西攻击，接应十连。

然而，部队进攻遭到了敌人的顽强抵抗，冲在最前面的四连被迫隐蔽在一个大土堆后面。

班长辛本林带着一个战士悄悄摸到一堵短墙后面观察情况。借着远处的火光，他们发现土堆附近不断有人窜动，一到土堆跟前，人就像掉进坑里一样，突然不见了踪影，一会儿，又有一个人突然从地里钻出来。说时迟，那时快，他们迅速扑倒这个敌人，敌人"哎呀"声还没喊出口，就被堵住嘴巴拖了回来。

这个俘虏身挎盒子枪，腰围九龙带，背后还挂了个大望远镜。经审问后，才知道他就是唐铁冰的勤务兵。那个土堆原来竟是敌人"王牌团"团部的大地堡，团长、副团长和两个营长都蹲在里面。

四连连长叫俘虏去叫他的团长出来投降，可是，这个勤务兵一进去就不出来了。

"狗日的，看你顽固！"班长李本林对准洞口打了一梭子冲锋枪，喊道，"再不出来，老子要投炸药了！"

"别炸，别炸，我们缴枪。"敌人从洞里一个接着一个爬出一大串来，"王牌团"的团长唐铁冰也在其中。

得知活捉唐铁冰的消息，团长李长林马上赶到了四连，对唐铁冰进行突击审讯。

"什么部队在西边打？"

"这个，哼，你别问。"唐铁冰昂着头，瞪着眼，态度十分傲慢。

"唐铁冰！"李长林大喝一声。

这个家伙一听叫他的名字，猛地一惊。

李长林冷冷地说："张风集一战，算你的腿长，这次你该认输了吧！"

唐铁冰呆愣愣地站着，满脸横肉在颤抖。突然，一阵狂笑：

"认输？谁输谁赢咱们走着瞧！前面地堡里还有我的部队，我还没有垮！"

李长林笑着说："唐铁冰，你的如意算盘打错了。我们是逐个解决地堡的，里面已没有你的一个人了！"

唐铁冰站在那里半天说不出一句话。他的威风给打下去了。

李长林紧逼一句："你杀俘虏，放毒气，知罪不知罪？"

这时的唐铁冰像漏了气的皮球，耷拉着脑袋，连连说道："小人知罪，小人罪该万死。"

"现在给你个立功赎罪的机会，你到西边向顽抗的敌人喊话，命令他们立刻放下武器！"

"是，是，小人一定照办。"

唐铁冰被带到阵地上去喊话。

没想到，一小撮顽抗的敌人，竟敢喊着救团长的口号反扑过来。

"消灭他们！"

部队向敌人发起了猛攻。战士们利用堑壕的拐弯、棱角，灵活地向敌人射击。敌人节节顽抗，战斗进展缓慢。正在这时，突然西南角又响起激烈的枪声。这是来自敌人屁股后面的枪响。

原来十连从东南角插进敌人阵地，一路上进展顺利，直插到西南角，占领了地堡群，堵住了溃退下来的敌人，又切断了马庄敌人增援的道路。

由于腹背夹击，敌人顿时乱了套，被打得晕头转向，落花流水。

一场激战之后，马围子上空升起了五彩缤纷的信号弹。战斗结束了，敌人的"王牌"五十二团被解放军全歼！

这时天已微微发白，一个战士指着天边，兴奋地对团长说：

"团长，天亮了。"

李长林伸了个懒腰，高兴地说："是啊！江南的天也快亮了。"

"上尉司书"

黄维兵团总崩溃的那个晚上，各路部队送来了大批被俘虏的军官。俘虏中有两个人引起了负责甄别工作的敌工科科长宋禹的注意。

一个是在马围子战斗中捉到的敌五十二团团长唐铁冰。这家伙长得浓眉大眼，一脸横肉，看上去十分凶恶残暴。他曾命令部队施放毒气，枪杀解放军伤、俘人员，被俘前还破坏大炮。这种人要按战犯处理。

另一个是特务营在野地里捉到的。此人，圆圆白脸，留着短须，右边脸上还有颗黑痣，虽然身穿军装，但走路、说话，绅士味十足。此人在登记簿上写的是：方正馨，弋阳人，八十五军军部上尉司书。特务营教导员把他送来时曾说，这个人肯定不是个上尉司书，至少是个师长。

在审问时，宋禹指着登记簿问他："这上面写的确实吗？"

他点点头，一声没吭。

"什么时候当兵的？"

"今年8月。"

"入伍以前干什么？"

"民国十七年（1928年）当小学教员。"他回答得十分小心。

"还干过什么事？"

"干过……"他一时答不上来了，显得有点慌张，抬头见科长正紧紧地盯着他，赶忙回答说，"我当过6年教员，1年科员，以后就出来当兵。"

宋禹心里暗暗一算，就算他民国十七年（1928年）当教员，干了7年才到民国二十四年（1935年），现在是民国三十七年（1948年）。宋禹忍不住笑了："你撒谎的手段不高明啊，你还有13年历史怎么过的？"

"上尉司书"懊丧地低下头，用拳头捶着自己的脑袋，嘴里咕噜着："我昏头了，我昏头了！"

"你到底是什么职务，什么军衔？"

"上尉司书。"

"一个月多少饷?"

"70多。"

"多多少?"

"多……"他一下被问住了。怔了一会儿,又用两只手捶着脑袋说:"这一仗真把我打糊涂了,打糊涂了。"

他越是如此,宋禹越觉得此人的重要,同时也感觉到从他口中不会问出什么东西来。于是,吩咐哨兵对他要多加注意。

夜里,几十个俘虏军官睡在一个火屋子里。其他人都睡着了,惟独这个"上尉司书"翻来覆去睡不稳。

哨兵忽然听见有人在小声嘀咕。

"你怎么也被俘了?"

"不要多说话!"

哨兵仔细一看,原来是"上尉司书"和唐铁冰。

唐铁冰在"上尉司书"面前十分听话,以后再也听不到声音了。

第二天,哨兵把这一情况向宋禹作了汇报。

宋禹当即把唐铁冰找来。可是这个家伙硬说自己根本不认识睡在旁边的"上尉司书",也不承认昨晚说的话。

宋禹十分严厉地说:"你还要加重自己的罪吗?你替别人隐瞒身份,对你对他都没有好处。你还是替自己想想吧!坦白了可以减罪。"

战俘营中的黄维

唐铁冰紧皱着双眉，看得出他的内心正在进行激烈的思想斗争。

这时上级通知，把这批军官和准备上缴的战利品一起送到纵队司令部去。

来到纵队司令部，战俘们在外面大院子里休息。不一会儿，一个哨兵带着唐铁冰来到纵队政治部，向正在报告工作的宋禹说："这个团长说有重要情况报告。"

"是的，长官，我有重要情况禀告。"唐铁冰压低了声音说。

他望了望周围，咽了口唾沫说："长官，我来坦白……"他边说边向俘虏堆里瞟来瞟去。

"你们都是俘虏，是俘虏就无所谓上峰下属，你大胆说好了。"宋禹鼓励他。

可是这家伙还是顾虑重重，吞吞吐吐，张了几下嘴，一个字也没蹦出来。

宋禹有些不耐烦了："你不坦白，找我来做什么？"

"不，不，长官，我坦白，我坦白。请长官宽大，免我死罪。"他急忙抬起头来吸了口气，好像用了浑身的劲，"长官，你不是问睡在我旁边的那个人吗？他不是'上尉司书'。"

"他当然不是上尉司书。"

"长官明鉴，长官明鉴。"他不住地点头。

科长紧逼一句："快说！他到底是谁？"

"他，他……"话到嘴边又含糊其辞地说，"好像……是我们的兵团司令。"

"什么是好像，他到底是不是？"

"长官，我只是个团长，与兵团司令见面的机会不多。"

这句话倒提醒了宋禹。他让唐铁冰回去，又把押在纵队部的敌十八军副军长王元直叫来。

这家伙吃得肥头大耳，走起路来摇摇晃晃。

宋禹见他来了，开门见山地问："你认识黄维吗？"

部属怎么能不认识"顶头上司"？王元直只好点了点头。

于是，"上尉司书"被叫进屋来。他进屋瞟了一眼，见王元直坐在屋里，两眼一怔，很快又恢复了常态。还没等宋禹发问，他就自作聪明地先开口了："这里的人我一个也不认识，他们也不认识我。"他这句话像是对宋禹说的，更像是对王元直说的。

"不是叫你来认什么人的！"宋禹说，"你的真名实姓到底是什么？"

"我都说过了，你们不信可以考查。"他有点像破罐子破摔。

"你到底是什么人？"

他见问急了，说："你们不信，我可以立字据。"随即还在纸上写下了"如姓名职务不符，愿受枪毙"的保证书。他边写边说："我还能胡说八道吗？我还能出卖姓名吗？"

宋禹让人把"上尉司书"带下去，转过身对王元直说："他是不是黄维？"

"有点像，好像是他。"王元直惴惴不安地回答。

又是个"好像"。宋禹不打算再找俘虏军官来对证了，想起了去找解放过来的、已提高觉悟的战士。于是，向各部队发出通知，让亲眼见过黄维的人，到旅部来一趟。

不一会儿，便在特务营找到了曾给黄维当过十几年马夫的饲养员李永和和黄维过去的一个司机。

黄维面对着这两位曾和他多年在一起的人，绝望地低声说："我自己都立过字据了，还有什么好说的。"

宋禹知道他是担心按照他的保证书判罪，便说："我们从来就没有相信过你的保证，我们坚决执行我党的政策，老实承认了，归根到底对你有好处。"边说边把他亲笔写的保证书撕碎了。

果然，他望着散落在地上的碎纸，面露喜色，如释重负地

说："我是黄维！"

黄维被俘，他的第十二兵团的 4 个军、11 个师和 1 个快速纵队，共 12 万大军，在淮海战役第二阶段中，11 月 24 日至 12 月 15 日，被中原野战军和华东野战军一部全歼于双堆集地区。这一仗的胜利，成为全歼杜聿明集团的关键。

五、战场休整，准备围歼杜聿明集团

工作了一夜的毛泽东靠坐在办公室里的藤椅上，微闭着双目。李银桥走过来，轻声对主席说："主席，梳梳头吧？"他知道毛泽东喜欢用梳头的方式来消除疲劳，缓解日夜紧张的思绪。

毛泽东点了点头。

过了一会儿，毛泽东缓缓地说："银桥呵，淮海战役结束了，你说说看，这场战役哪个人的功劳大呀？"

李银桥想了想说："我说华东野战军粟裕的功劳最大……"

"是么！"毛主席平静地说，"淮海战役，粟裕立了第一功！"说着，毛泽东用手指一指办公桌上的香烟，"给我吸一支烟。"

李银桥转身去拿了烟来，给毛泽东点着火。毛泽东坐在藤椅上，吸着烟又说："华东粟裕，很是个将才哩！淮海战役共歼敌55万，用了65日，单粟裕指挥的部队就歼敌44万，占了歼敌总数的80％，了不起么！"

"暂缓攻击，转入战场休整"

蔡洼村，位于萧（县）水（城）公路南侧，是个很小的村庄，华东野战军代理司令员兼代政治委员粟裕的指挥部就设在

粟裕大将

这里。

大雪过后的一个清晨，粟裕出现在蔡洼村口。面对茫茫雪原，他伸了伸懒腰，又做了几个深呼吸，面前出现一团白雾。

长期以来，由于战争需要，粟裕对天文、地理、气象一直兴趣浓厚。面对纷纷扬扬的雪花，他的思绪也像这雪花一样漫天飞舞起来。现在刘邓大军围歼黄维兵团的战斗已接近尾声，他的华东野战军又成功地粉碎了杜聿明的突围企图，并把杜聿明集团的近30万国民党军队紧紧地包围在以陈官庄为中心的狭小地域内。包围圈多为六七层，最薄的西面也有五层。而这漫天的冰雪和呼啸的朔风，更使杜聿明插翅难飞。望着漫天飞雪，粟裕突发奇想，觉得实在是天公作美，这下个不停的瑞雪，不仅仅是农民的希望之花，更是他对付敌人的千军万马！这不正是休整部队，为最后的决战做准备的最佳时机吗？于是，他给毛泽东发去一个电报，请求暂缓攻击，给华东野战军部队几天时间的休整，为最后解决杜聿明集团进行准备。

该电正合毛泽东的心意。因为此时平津战役已经发起，虽然平津之敌已成惊弓之鸟，但解放军对该敌尚未形成分割包围之势，毛泽东此刻正担心对杜聿明集团攻势过紧，会促使蒋介石把平津的国民党军队海运南下。为了稳住敌人，保证平津战役的顺利进行，毛泽东指示淮海战役总前委"于歼灭黄维兵团之后，留下杜聿明集团之邱清泉、李弥、孙元良诸兵团（已歼约一半左右）之余部，两星期内不作最后歼灭之部署"。

接到毛泽东的回电，粟裕立即通知部队"暂缓攻击，转入

119

战场休整"。

粟裕也可以轻松一下了。

自华东野战军司令部进驻蔡洼村以来，一仗接着一仗，粟裕的神经一直绷得紧紧的，整天搬只小凳坐在军用挂图前，不停地喝咖啡，致使房东李大娘曾为此一度很担心、很紧张。

李大娘名叫李春华，只比粟裕年长 10 岁，战士们都喊她老大娘。老大娘的大女儿、二女儿都在部队里工作。华东野战军司令部进驻这里后，她天天像看戏一样，看着院子里出出进进的前线将士和机关人员，看着那些警卫人员，不厌其烦而又一本正经地敬礼，从中揣摸每个人的身份。慢慢地，她看出一些门道了，注意力集中到了粟裕身上。

粟裕极少走出庭院，话也不多，就是与身边工作人员也极少说话。只要粟裕拿了个小板凳在挂图前一坐，人们说话的声音也降低了，走路也绕着走，远远地避着他。开始，她以为这个瘦弱的司令很凶，人们都怕他。后来发现不对了，粟裕与院子里的人关系很好，有时与小战士也有说有笑，从眼神中看得出来，在这个院子里，没有人怕粟裕。噢，明白了，这个粟司令一门心思都在战场上，大家都不想打扰他。他实在是好辛苦啊！

李大娘见粟裕总是不停地喝着一种黑红色的东西，一天好几杯，而且还喝得有滋有味，心里不住地嘀咕：这个粟司令还真不一般，怎么喝得下那东西？

有一天，她实在忍不住了，就问华东野战军参谋长张震：

"老张，粟司令怎么天天喝铁水？"

"铁水？他怎么会喝铁水？"张震给问愣了。

"就是那铁锈水，黑红黑红的。"

"啊。"张震忍不住笑了，"那是咖啡，咖啡。"

"加肥？噢……"李大娘疑惑地点了点头，没有再问下去。

通过仔细观察，李大娘相信那一定是好东西，至少能提神，要不，粟司令员怎么能够没白天没黑夜地工作，整夜整夜地不睡觉呢！不过有一点，她始终琢磨不明白，这个东西为什么叫"加肥"？粟司令喝这东西有些日子了，怎么一点也不见他胖，反倒是越喝越瘦。看来，这东西只能提神，不能养人。于是，李大娘搞来了一只老母鸡，让警卫员小侯用温火熬汤给粟裕喝。

粟裕喝了两口，就不吃了，又坐到地图前去了。

小侯见了，觉得奇怪，边收拾碗筷边问：

"首长，怎么没有吃呀？"

"吃过了，今天的排骨汤味道很不错。"

在一旁的李大娘心痛得直掉眼泪："怎么打仗都把人打傻了，连鸡汤都吃不出味来。"

部队转入休整后，粟裕显得格外轻松愉快。他对摩拳擦掌、求战心切的前线指战员们说："急什么？仗有你打的，但不是现在。现在的任务是休息，是准备。你要是把我的部队拼光了，我对你不客气！"

淮海战役总前委蔡洼会议旧址

难得一聚

一天，粟裕又出现在蔡洼村口。这回不是看雪景，而是专门迎接刚刚指挥打败黄维兵团的刘伯承、陈毅、邓小平。

刘伯承、陈毅驱车先到了。

粟裕与刘伯承一起共事的时间不长，但彼此间都十分敬佩和欣赏。十几年前，刘伯承从苏联回到革命根据地，担任红军大学校长兼政委。他对粟裕的军事素养早有耳闻，他到任后做的第一件事就是把粟裕调到红军大学来，任军事教官兼学员连连长。粟裕对早年在旧军队中就享有很高威望的刘伯承更是钦佩有加，闻其指名道姓地让自己过去，十分高兴，便欣然前往。虽然两人因工作需要不久便分手了，但彼此都给对方留下了深刻的印象。特别对粟裕来说，这段经历，对他以后的军事生涯受益匪浅。从那次分手，一直未能见面，想来已有 10 多个年头了。

此刻，粟裕这个不轻易动感情的人按捺不住内心的喜悦，踩着积雪向刘伯承迎过去，双手紧紧抓住刘伯承的手臂。两人拉着手摇晃了好长好长时间。

"刘司令员，"粟裕终于开口了，"我们有十几年没见面了！"

"是啊，你还好吗？"刘伯承握着粟裕的双手，兴奋地说。多年来，他也一直牵挂着粟裕。看到自己的这位精明干练的老部下如今已经变成了叱咤风云、指挥千军万马的一方主帅了，刘伯承十分高兴，同时心里也直犯嘀咕，这粟裕怎么长出一脸胡子？他摘下眼镜又戴上，仔细地看了又看，心里升出一份感慨，要是换个地方，肯定认不出来了。

陈毅从汽车里走了出来。

粟裕见到老搭档、老领导，心里真是五味俱全。此刻，粟

ZHONGWAIZHANZHENGCHUANQICONGSHU

战争年代的陈毅

裕的脑海里不觉浮现出初夏城南庄那个宁静的夜晚。

那夜，月色朦胧，毛泽东在他的住处约见陈毅和粟裕。毛泽东有滋有味地吸着陈毅递给他的烟，不住地点头："好烟！好烟！你们的待遇不错嘛！这种烟从哪搞到的啊？"

陈毅笑着说："美国人不远万里，漂洋过海送到中国，又承蒋介石转送给我们，盛情难却，不抽对不起人家啊！"

毛泽东也笑了："可惜把我们飞马牌香烟的生意给抢了。"

毛泽东把目光转向粟裕，不紧不慢地说："粟裕同志哟，中原局的刘伯承、邓小平来电，要向你们华东借个人哟。"

"都是党的人，需要谁尽管调就是了。"粟裕随口答道。他忽然感觉不太对劲，便接着问到：

"不知要借哪一位？"

"陈毅。"

粟裕一怔，急切地说："大战在即，华东怎么能离得开陈军长呢！"

毛泽东，这位昔日的教书先生毕竟老成练达，于吞云吐雾之间，把全国战局以及两大野战军将要配合作战的前景讲得十分精辟透彻。最后他说，目前中原更需要陈毅，至于陈毅的华东野战军司令兼政委职务，中央准备让粟裕担任。

粟裕是个严谨的人，他知道调陈毅到中原局工作，一定是经过慎重考虑的，可是华东的工作确实离不开陈毅啊。他考虑了半天，以请求的口吻说道："既然这样，请中央保留陈军长在华东的职务。我只是暂时代理，重大问题我还要向他请示。"

"好吧!"毛泽东笑着点了点头。

对于中央的人事决定,陈毅的回答倒很爽快:"主席,我陈毅愿做过河卒子,有进无退,一切听从中央调遣。"

此时,陈毅见到粟裕,不由大吃一惊:这位老伙计怎么消瘦成这个样子?当年黄桥大决战,血战孟良崮,我们的条件比现在差得多,处境也艰险得多,他不是照样指挥若定、大获全胜吗?然而,陈毅心里清楚,如此规模宏大的战役,他不在,粟裕身上的压力无疑是很大的。陈毅拉着粟裕的手往村里走,一进屋就命令保健医生翟光栋给粟裕检查身体。周围的人看到眼前的一切,眼圈红了,他们都感受到了陈、粟之间深厚的友谊。

"粟司令,看你瘦成这个样子?"翟光栋随陈毅去中原野战军之前,在华东野战军司令部当医生,与粟裕很熟。那时粟裕很结实,哪像现在,虚弱得叫翟光栋揪心。

粟裕被弄得不好意思起来,他对翟医生说:"我没事,首长们身体都还好吧?"

"陈司令你是晓得的,已经发胖了,还要吃肥肉,说也不听,真拿他没办法。刘司令生活有规律,也不大生病。邓政委从来不生病,大冷天,天天用冷水冲澡。就是打黄维的关键时刻停了几天,战斗一结束,又冲了,还用雪团擦身体,身体真好啊。粟司令啊,看来你成了重点保护对象了。"

"等打完这一仗,休息休息就会好的。"粟裕回答说。

"对,你就学打太极拳吧,向刘司令员学习。"翟光栋说起话来滔滔不绝,"冲冷水浴可不是一日之功,你也不一定能坚持,还是打太极拳,像刘司令员那样,早晚一圈,保证百病全消。"

第二天上午,邓小平也到了。

粟裕迎了上去,敬了个军礼说:"邓政委你好!"

邓小平还礼后，拉着粟裕的手说："粟裕同志，你辛苦了！从你的眼睛，我看得出来，从战役开始至今，没睡过几次好觉吧？"

"我还好，倒是邓政委和两位司令员辛苦，可惜我这里没有镜子，不然，一照就知道了。"

邓小平还要说点什么，陈毅接上口来说："大家不要客气了，大家都辛苦。华东野战军从临沂打到碾庄，又从碾庄打到徐州，再从徐州打到这里，消灭了蒋介石20多万人马；中原野战军从豫西打到豫东，又打到皖北，千里转战，消灭了蒋介石十几万人马。大家都辛苦！"

说话间，谭震林也到了。

淮海战役开战以来，大家都忙得不亦乐乎，难得一聚。现在，黄维被歼灭，李延年南逃，杜聿明已在掌握之中。这是淮海战役总前委自成立以来的第一次团聚。

总前委成员在蔡洼村华东野战军指挥部前合影
（左起：粟裕、邓小平、刘伯承、陈毅、谭震林）

阳光普照，明亮而又温和。就在会合之前，摄影记者拍了淮海前线总前委5人的合影。

这一天，蔡洼村热闹非凡，整个村子弥漫着紧张而激动的气氛。来了那么多车子，那么多挂手枪的警卫员！李大娘的院子里设了两道岗，闲杂人员一律不准进入。

大家一边喝茶，一边聊天；一边聊天，一边研究问题。气氛异常热烈而温馨。

邓小平看着粟裕桌上堆着的文件里有一份"最后歼灭杜聿明集团的作战方案"，便说："好家伙，全歼杜聿明的方案也搞好了。"

"还不够成熟。请邓政委与两位司令指正。"粟裕谦虚地说。

这时张震进来说："饭菜已备好，请各位首长先吃饭吧。"

"对，先吃饭。有什么好吃的吗？我们这几位可是挺能吃的。"邓小平风趣地说。

"好不好，不敢说，我们的炊事员老侯一再说先别吹，让3位首长吃了再说。但有一条是敢担保的，那就是管饱。"粟裕笑着回答。

走进食堂，桌上的餐具虽是粗瓷大碗，但菜还是蛮丰盛的，只是没有看到酒。

邓小平感慨地说："胜利在望，英雄聚首，可惜没有美酒以壮声色。"

粟裕说："有酒，只是没有中国的酒。不知各位能尽兴否？"于是吩咐人上酒。

酒上来了。邓小平一看，脱口而言："好家伙，还是正宗的法国红葡萄酒呢。"

"是从杜聿明、邱清泉那里缴来的。光这类洋酒，就有两卡车呢！"粟裕解释道。

"打了败仗逃跑，还不忘带这些东西，他们腐败得也差不多了。"刘伯承颇为感慨。

陈毅率先祝酒："曹孟德有诗曰：'对酒当歌，人生几何，譬如朝露，去日苦多'，像我们这样在短促的人生中能参加一场伟大革命，也算没有虚度此生了。"

"是的，人生是短促而渺小的，但我们的事业是伟大而无限的。来！为我们的事业干杯！"邓小平举杯提议。

……

吃完饭，大家接着开会。

关于歼灭杜聿明集团的问题，大家一致通过了粟裕的作战方案。

会议主要研究了淮海战役后的渡江问题和部队整编问题。邓小平点燃一支烟激动地说："渡江之后，华东野战军进军华东，解放江、浙、闽、赣，中原野战军解放皖南、湘、桂，挺进西南；西北彭德怀、贺龙解放甘肃、青海、新疆；东北林彪、罗荣桓解放华北后，挺进中南。这样，到明年底，全国大陆基本解放了。这是毛主席的解放全国的大体设想。"

陈毅情绪激动起来，禁不住诗性大发。他站起来，一手叉腰，一手指着南方朗声念道："红旗直搏大江边，不尽洪流涌上天；直下金陵澄六合，万方争颂换人间。"

刘伯承随口而出："小住杨沟一月长，平衡左右费思量；弯弓盘马故不发，只缘擒贼先擒王……"

陈毅立即惊奇地问："刘司令员，你也知道这首诗?"

"是的，淮海战役的胜利，证明了粟裕同志提出的'歼敌主力于长江以北'的设想是完全正确的。这个功劳可不小啊，将永垂青史。"

粟裕惊呆了。他在南昌起义做警卫班长时，就十分敬重刘伯承将军，视为长辈与老师，没想到他在这样庄严的时刻，如此称赞自己，心里是又高兴，又感到难为情。他不好意思地说：

"我哪里有什么功劳？陈毅和谭震林同志是知道的，我的意见是归纳了好多同志的看法，我只是总结、整理一下。淮海战役的巨大成绩，是中央军委、毛泽东同志和总前委常委正确指挥的结果，是广大指战员努力作战的结果，是千百万人民群众积极支持的结果……"

这时，机要参谋送来了一份电报。邓小平看了一遍又交给了刘伯承说："中央催你和陈毅同志快点动身，到西柏坡向中央汇报。"

当晚，刘伯承、陈毅带着五位领导研究的渡江作战建议和部队整编方案，驱车北上，前往西柏坡向党中央、毛主席汇报。邓小平回到小李家村。谭震林回到山东兵团驻地。粟裕仍留蔡洼村，指挥华东野战军部队进行战场休整和部署最后歼灭杜聿明集团。

最后的机遇

人要倒霉，喝水都塞牙。15日，粟裕突然全线停止了攻击，杜聿明原以为这是天赐良机，部队可就地整顿，再请老头子每天空投大量作战物资，要不了几天，就可以重振军威，杀出重围了。没想到，粟裕停止进攻了，老天爷却发起难来，一连下了几天大雪，气温也随之骤降。国民党部队弹尽粮绝，饥寒交迫。当地老百姓的粮食、牛马、鸡犬已被抢劫完了，继而连野草、树皮、麦苗、骡马皮都吃光了，只能靠南京方面空投救援物资了。可是空投的东西，除了武器和粮食之外，更多的是数万册的黄百韬"烈士"纪念册，以致官兵破口大骂："老子要吃饭，投这些废物干什么！"

更让杜聿明担忧的是，解放军整天在对面阵地上喊话，还在许多路口开设了发饭站，致使这边的官兵们成排成连地跑过

去投降。杜聿明觉得，这样下去，再有个十来天功夫，共军不攻，自己的部队也不打自垮了。他看看窗外，鹅毛大雪纷纷扬扬，一点也没有停的意思。他不由得仰天叹道："此乃天意啊！天要灭蒋，我杜聿明不过是一个小小的陪葬品罢了。"

一阵大炮轰鸣，只见天空中纷纷扬扬飘落下许多花花绿绿的纸张。杜聿明知道，这是共产党的宣传品，在搞攻心战。他快步走到室外，大声命令："赶快将这些东西集中起来烧掉！"

有两张落到了他的脸上，他顺手抓起一张，快速扫了一眼，标题是《敦促杜聿明等投降书》。他急忙往口袋里一塞，转身向屋，关上门，仔细看起来，只见上面写道：

杜聿明将军、邱清泉将军、李弥将军和邱李两兵团诸位军长师长团长：

你们现在已经到了山穷水尽的地步。黄维兵团已在十五日晚全军覆没，李延年兵团已掉头南逃，你们想和他们靠拢是没有希望了。你们想突围吗？四面八方都是解放军，怎么突得出去呢？你们这几天试着突围，有什么结果呢？你们的飞机坦克也没有用。我们的飞机坦克比你们多，这就是大炮和炸药，人们叫这些做土飞机、土坦克，难道不是比你们的洋飞机、洋坦克要厉害十倍吗？你们的孙元良兵团已经完了，剩下你们两个兵团，也已伤停过半。你们虽然把徐州带来的许多机关闲杂人员和青年学生，强迫编入部队，这些人怎么能打仗呢？十几天来，在我们的层层包围和重重打击之下，你们的阵地大大地缩小了。你们只有那么一点地方，横直不过十几华里，这么多人挤在一起，我们一颗炮弹，就能打死你们一堆人。你们的伤兵和随军家属，跟着你们叫苦连天。你们的兵士和很多干部，大家很不想打了。你们当副总司令的，当兵团司令的，当军长师长团长的，应当体恤你们的部下和家属的心情，爱惜他们的生命，早一点替他们找一条生路，别再叫他们作无谓的牺牲了。

现在黄维兵团已被全部歼灭，李延年兵团向蚌埠逃跑，我们可以集中几倍于你们的兵力来打你们。我们这次作战才40天，你们方面已经丧失了黄百韬10个师，黄维11个师，孙元良4个师，冯治安4个师，孙良诚2个师，刘汝明1个师，宿县1个师，灵璧1个师，你们总共丧失了34个整师。其中除何基沣、张克侠率3.5个师起义，廖运周率1个师起义，孙良诚率1个师投诚，赵壁光、黄子华各率半个师投诚以外，其余27.5个师，都被本军全部歼灭了。黄百韬兵团、黄维兵团和孙元良兵团的下场，你们已经亲眼看到了。你们应当学习长春郑洞国将军的榜样，学习这次孙良诚军长、赵壁光师长、黄子华师长的榜样，立即下令全军放下武器，停止抵抗，本军可以保证你们高级将领和全体官兵的生命安全。只有这样，才是你们的唯一生路。你们想一想吧！如果你们觉得这样好，就这样办。如果你们还想打一下，那就再打一下，总归你们是要被解决的。

中原人民解放军司令部

华东人民解放军司令部

这是毛泽东于1940年12月17日为中原、华东两人民解放军司令部写的一个广播稿。

杜聿明正看得起劲，忽听见有人敲门，便急忙将劝降书塞入口袋，没好气地喊了一声："进来！"

参谋长走了进来。

"有什么事吗？"

"来看看总座。"

杜聿明强打精神倒了两杯英国威士忌酒。参谋长摇摇头，轻轻地推开了杯子。于是杜聿明也放下了酒杯。

两人谁也没喝酒，谁也不说话，就这样面对面地坐着，相互看

ZHONGWAIZHANZHENGCHUANQICONGSHU

着。最后还是参谋长开口了："总座，当务之急是如何解脱困境。"

"办法我何尝没有想过。然而，谋事在人，成事在天。天意如此，人是无法抗拒的。"

"天无绝人之路啊！"

"你有何良策？"杜聿明眼睛一亮。

参谋长把头凑过去，压低声音说："只要能摆脱困境，渡过难关，任何方法都不妨一试。总座，你见到共军传单了吗？"

杜聿明一怔："什么意思？"

参谋长刚要张口说话，被杜聿明猛一挥手，制止了。杜聿明快步出门，确信外面无人，再回屋关上门，来到桌边，低声问："你要我向粟裕投降？"

"我们总不能坐以待毙啊！"

杜聿明沉默了好一阵之后，摇着头说："忠臣不事二主。不，不能这样，我不能有负于老头子！"

"总座，是否可学当年关云长，也来个土山之约，先渡过难关再说。"

"共产党要比曹孟德精明得多，决不会给我有过关斩将的机会。再说，共产党洗脑筋厉害得很，用不着三五个月，将士们就都被赤化了，那时就会弄假成真了。而且，这样大的事，也不能由我一个人来定。李弥还好说，邱清泉一闹开了，弄得我们里外不是人。不妥，此计不妥。"

这时，有人送来总裁电报，杜聿明接了过来：

光亭吾弟：

据悉：吾弟病疾又犯，身体欠佳，如确属实，望来电告。日内当派小型飞机接吾弟回南京调养。

蒋中正

杜聿明读着电报，一种感激之情油然而生，老头子此时此刻还想着我的病啊。他忽然感觉到有些奇怪，转过身来问道："委座怎么知道我正在病中呢？"

"大概是听了共党新华社的广播《敦促杜聿明等投降书》吧。"参谋长一语道破天机。

"噢！我怎么没想到！"杜聿明明白了，心中充满了悲哀。

又沉默了一阵，杜聿明抬起头来对参谋长说："给老头子发报吧，就说我杜聿明誓为委座效忠到底。"然后挥挥手示意参谋长离开。

参谋长走后，杜聿明开始不停地喝威士忌。也不知喝了几杯，他感到头脑发胀，想吐又吐不出来，慢慢地迷迷糊糊睡着了。

有人敲门，杜聿明有气无力地问："谁呀？"

"总座不是想去空投场看看吗？天放晴了，各空投场也准备好了。"门外的人说。

"知道了。"杜聿明强打精神回答。

杜聿明乘车来到空投场。当他赶到时，正赶上不少降落伞已快到地面了，刚才还秩序井然的官兵们一下子乱了起来，大家争先恐后地向降落伞扑去。什么权威、纪律，什么礼义、廉耻，早被十几日的饥寒驱得干干净净，剩下的只有最原始的动物本能。他们已经失去了人的本性，没有感情，没有思想，只有活下去的欲望。一霎时，咒骂声、厮打声连成一片，还夹杂着手枪、冲锋枪的射击声和撕人心肺的惨叫声。

杜聿明注意到，一只降落伞吊着一只竹筐刚刚落地，就被十几双手撕得稀烂，里面装的烧鸡与香肠立即吸引了更多的人。一个士兵刚刚把一截香肠塞进嘴里，便惨叫一声倒在地上，背上露着一个刺刀柄；一个军官刚顺手把士兵嘴外的半截香肠夺过来往嘴里送，一粒子弹把他的脑袋打开了花；第三个人立即拾起香肠往嘴里填……

杜聿明看得目瞪口呆，又几阵枪响使他回过神来。他拔出手枪，高声大喊："怎么回事？这是怎么搞的？"接着又向空投场的一个穿着将军制服的军官吼了一阵，便钻进了汽车，对司机说："快开，快回司令部！"

他实在不想再看这混乱血腥的场面。

人间地狱

在陈官庄地区，在这块只有十里见方的包围圈内，聚集着30多万人。有军人、官僚资本家、地主以及随之而来的太太、小姐、公务人员，还有一些不明真相和被劫持的教员、学生、工人、农民、商人，甚至还有和尚、道士、戏子、妓女……在这个由不同阶层、不同职业的人组成的独立王国里，上演着一幕幕可悲又可笑的人间戏剧。

戏剧之一：困兽犹斗

黄维兵团被歼以后，邱清泉变得狂躁不安起来。第七十四军军长邱维达得知黄维兵团被歼，跑来问他怎么办。他把手一挥："干到底！"随即从腰间掏出手枪，"啪"地一声放在桌子上，又令勤务兵把前几天蒋介石空投给他的一瓶"威士忌"酒拿出来，"哗哗"倒了两杯，和邱维达碰着杯干了。然后把杯子一放，指着手枪说："里面还有三颗子弹，我还能亲手打死两个敌人。"

邱维达不解地问："不是有三颗吗？"

邱清泉冷笑道："最后一颗要做我的朋友，不能送给共军。"随后，他对他的参谋长李汉萍说："现在情况已到了危急关头，不能不准备万一。将来我万一战死，你是参谋长，可以代我指挥。你指挥时，也要和我一样，指定代理人，免得情况紧急时无人指挥。"他长长地叹口气，自语道："我今年已经48岁了，该看的也看了，该玩的也玩了，什么都享受过了，就是死也值得了。"

邱清泉的宿舍天天夜里都有年轻姣丽的女人进进出出，但他仍感到无聊，便来到后方医院"检查"工作，发现了一个姓陈的护士。这里竟然还有如此动人的女人！邱清泉当即就把她带了回来，作自己的保健护士。从此，白天听戏喝酒，夜晚纵欲承欢。

戏剧之二：空投实录

杜聿明集团撤出徐州时，只带足7天的粮弹。现在30多万人的生命已全系在了南京方面的空投上，系在了那飘飘悠悠的降落伞上。

空投给包围圈内的人们带来了激动和快乐，然而没过多长时间，这种激动和快乐就逐渐演变成灾难。

一天，飞机的轰鸣声又起，一场惊心动魄的空投开始了。

七十四军军长邱维达在掩体里举着望远镜向空中望去。一块大饼从空中掉了下来，一个士兵率先扑了上去，接着扑上来一大群人，像进行一场橄榄球赛一样。只见一个士兵从人群中爬了出来，抱着那块大饼边逃边啃，后面的一个士兵跟踪而至，把前面的士兵扑倒，两人扭打成一团。"砰"的一声枪响，其中的一个不动了，另一个从倒在血泊中的同伴怀里抓起大饼，张开嘴猛咬一口。正当他要咬第二口的时候，背后又一声枪响，这个士兵脑浆四溅，嘴里还衔着一块撕下来的大饼。又一个士兵冲上去，后面的枪又响了……直到这块大饼滚进地洞时，已有7个士兵就这样为它死于非命。

七十军二八八团好几天没有能搞到空投物资，官兵们饿得嗷嗷叫，眼看快控制不住了。团长心里十分焦急，打电话给师长。师长邓军林正为空投场被七十二军霸占而大为恼火。于是他下令："派人到空投场去抢！"团长让一个营长带着两个连去，并抬着一挺重机枪。

这一次战果辉煌——扛回了十几袋大米。只是在这场争抢空投物资的混战中，该团扔下了十几个士兵的尸体。团长在向师长汇报时说："这一次算走运，不过，一袋米他妈的都是一条命呀！"

也有不走运的时候。为了以小的代价取得大的成果，二八八团吸取前几次的教训，派出了一个炮班冲进空投场，丢下一个尸体，却抢回来几袋大米，每袋标重 50 斤。大家十分高兴，拿了碗，规规矩矩地等待分米。可打开一看，却是一袋袋的沙子。士兵们气得大骂起来：妈的！赔了一个弟兄的生命，只弄回来一堆沙子！

戏剧之三："要是有一点青菜吃，就好了！"

杜聿明的屋里除了地图文件，又多了几副扑克。连日来，杜聿明无力摆脱战场危局，只好和副参谋长文强等人打打桥牌，消磨时间。

文强原本是军统局局长戴笠手下的人。1946 年初，杜聿明在东北战场指挥国民党军与解放军争夺胜利果实，积劳成疾，住进了北京中和医院。一天，戴笠到医院去看望他，向他推荐了文强。戴笠跟杜聿明说："文强是我们的好同学，在西北工作多年，经验丰富，办法多，我要他好好帮助你做事。"

起初，杜聿明对军统出身的文强还有些戒备，接触多了，发现这人不仅精明能干，而且为人耿直、不卑不亢，于是两人很快亲近起来。由此，文强成了杜聿明圈子里的人。杜聿明不管走到哪里，都带着这个身材高瘦、神情俊逸的年轻幕僚。现在，文强已成了杜聿明办公室里的常客。

杜聿明这几天身体很不舒服，多日没有大便了。

"唉！要是有一点青菜吃就好了。"杜聿明叹了口气。

说者无意，听者有心。文强建议杜聿明多喝些开水或许可以缓解，说完，便裹上大衣走进风雪之中。

在飞机场的空地上，哨兵发现一个人提个竹篮，用刺刀翻着土坷垃，以为这人在寻找什么值钱的东西，便端着枪凑了过来。

哨兵走近一看，这个在地里翻东西的人竟是个中将，吓得他扭头就逃。

文强是来给杜聿明挖青菜的。他想得太简单，以为青菜遍地都是，随便到地里抓两把就行了。想不到田野竟干净得如沙漠一般。他后悔没叫一些勤务兵来。可既然自己想干，就要干到底。寒风中，他用刺刀小心地在地上翻着，把发现的青苗一根根地装到篮子里，翻一会儿，便停下来哈哈手、跺跺脚、捶捶背。长这么大也没有干过这种既费力又费神的活儿。天渐渐暗了下来，文强看看竹篮里的青苗，估计可以炒上一碗了，便收起刺刀，带着一份满足，一摇一晃地回来了。

这顿晚餐，杜聿明吃了一碗炒青苗。他吃得很香，吃得很高兴，一个劲地问文强是从哪里弄的，怎么这么好吃。至于文强的回答，他一句也没听清。杜聿明一边细细地咀嚼、品味，一边不停地说："难怪农人命大寿长，此等佳品竟被他们占了！"

饭后，杜聿明哼着小曲来到庭院里踱步，又听邱清泉的住处传出女戏子的唱腔。他转身拉着文强说："走，凑热闹去。"

戏剧之四：人如草芥

邱清泉在寻欢作乐、浑浑度日之余不忘视察他的第五军。第五军是邱清泉的嫡系，是第二兵团的根基。他带着他的两条狼狗，来到第五军的炮兵营阵地。

炮兵营的官兵正三人一群、五人一伙地散布在阵地上，像是在搞什么活动，玩得热火朝天。见司令官来了，顿时忙乱起来，显得很紧张，还不时传出低低的招呼声："注意，邱司令官来啦。"

邱清泉看着远远的一堆堆没来得及散去的官兵，问和他一起来的参谋长李汉萍："他们在干什么？"

李汉萍心里明白，说："这些士兵闲着无事，闹着玩呗！"

邱清泉心中明白了，转头又问第五军军长熊笑三："你知道他们在干什么吗？"

熊笑三的资历是第二兵团各军主官中最浅的，因此对邱清泉颇为恭敬。他小心翼翼地说："在赌钱。完全是本人有失教化，罪在本职。"

"战场赌博，真是岂有此理！"邱清泉冷冷地训斥道，"我的部队叫你带成这个样子，一句检讨能完事了吗？"

李汉萍连忙帮着解围："司令官别生气，现在赌博很普遍，哪里都一样，十三兵团更严重。"

"我的部队绝不容许！"邱清泉吼起来。

"我这就去惩处……"熊笑三唯唯诺诺地说。

"慢！叫特务营把他们都围起来。"

邱清泉说完，向前疾走几步，从一个机枪手怀里抢过一挺机枪，向一堆堆的人群猛扫起来。一边扫，一边吼："混蛋！我叫你们赌！叫你们赌……"赌徒们像炸了锅一样，四处逃窜，阵地顿时乱成一片。邱清泉的那两条狼狗则汪汪吼叫，为主人助威呐喊。

直到邱清泉的一梭子弹全部打光，五十多个跑出赌场的士兵以为逃生了，没想到特务营围了上来，将他们一一捉住。

"都给我毙了！"邱清泉一挥手。

机枪又响了，赌徒们纷纷倒下。

熊笑三被眼前的情景吓呆了，等他回过神来，刚想对邱清泉说点什么，李汉萍用手臂轻轻拽了他一下。

战地庆新年

1949 年新年的钟声响了，震散了淮海上空的彤云。风收了，雪住了。

为了欢庆新年，华东野战军的将士们用红绸、松枝、棉花以及炮弹壳装饰阵地：搭上"恭贺新禧"的彩门，镶嵌出各种春联，还在纵横交错的堑壕、交通壕插上"前进路"、"立功门"、"凯旋楼"等形形色色的路牌，在墙壁上贴满官兵们的立功决心书。透过射击孔向外望去，对面国民党军的地堡群在雪雾中若隐若现，地堡前横七竖八躺着一些黑乎乎的东西，那是饥饿的士兵在抢夺空投的大米时互相厮杀后留下的尸体。

太阳从白茫茫的平原边上探出半个脸，像久违的来客窥看这大雪过后变得洁白无瑕的战场。

炊烟袅袅升了起来，解放军的阵地上飘出一股股肉香。中央军委批准慰劳前线指战员每人 1 斤猪肉、五包香烟。支前司令部费了好大的劲，才赶在节前把一群群肥猪从山东运到了淮海战场。今天，各个战壕里都在包饺子，剁馅儿的声音此起彼伏。

一圈圈工事，一缕缕炊烟，一股股香味，一串串欢笑，一句句祝愿，构成了战地新年特有的气息。

此时，最忙的要数部队文工团里的俊男靓女们。

一大早，他们就三人一组、九人一队，扛着胡琴，打着竹板，沿着交通壕的"大街小巷"走向各个阵地。于是，阵地上传出一片片掌声和欢笑声，也响起了他们的《新年歌》：

> 新鲜新鲜真新鲜
> 地堡战壕过新年
> 扭秧歌，唱快板

咱给同志们拜个年……

陈洁是一个年轻漂亮的文工团员。这天，她和她的女伴们早早起来，打上一副草绿色的绑腿，一直打上膝盖；扎上宽宽的皮带，把腰束得又紧又细；满头秀发都塞进军帽里边。女扮男装使她们更显得英姿秀艳、神采飞扬。她们像春江的花瓣，在这一层层水浪般的堑壕里流动。唱一支歌，跳一个舞，说一段快板，走到哪里，哪里就掀起一阵欢呼、一片笑语……

前段时间，由于战斗十分激烈，文工团的大多数同志被派到医院照顾伤员。陈洁也是其中的一位。她们平时给伤员打针送药，洗脸擦身；有空了，就为他们表演节目。停止进攻后，医院里的病号减少了许多，她们纷纷重返一线部队，又干起了老本行。回到部队，陈洁显得比别人更加快活。为什么呢？因为在医院期间，她经历了惊心动魄的一幕。

那天，他们给二线部队演出《白毛女》。

他们在一座残破的院落里划了块地当舞台，竖上两根木杆挂起汽灯。幕布被风吹得乱飘，就找个人横躺在上面，压住布角；化妆品不够，临时挤点牙膏往脸上涂，还用自来水笔往鼻梁、眼角上画线条。

那晚，北风呼啸，漫天飞雪。

陈洁扮演喜儿。她走上台来，站在风雪中，张口唱起："北风那个吹，雪花那个飘……"也许是触景生情，她觉得自己的感情特别丰富、真切，也使下面看戏的战士们全神贯注，泪水涟涟，响起一片唏嘘、哽咽之声。

黄世仁出来了，穆仁智出来了，可怜的喜儿哭喊着、哀求着……忽然，台下躁动起来，有个人倏地站了起来，对着台上的黄世仁"哗啦"一声拉动了枪栓。枪很快被夺下了。那个举枪的人，已哭成了泪人。他是个刚参加解放军没几天的新兵，

他说他妹妹的遭遇跟喜儿一模一样，他要打死黄世仁，为喜儿报仇，为妹妹报仇。

一个带队的干部站了起来，走到台角大声解释："同志们！台上的这个黄世仁是我们自己同志扮的。他装得像，演得好。大家千万别朝他开枪。要想报仇，找杜聿明去，找蒋介石去！"讲完，他还不放心，命令部队全体起立验枪，把枪膛里的子弹统统退出来。

戏接着往下演……

可是没演多长时间，忽然枪声又起。这回不是剧场内发出的枪声，而是从剧场外的西北方向发出的枪声。

"敌人要逃跑！"有人喊了一声。

陈洁连忙拿起武器，加入战斗行列。"大春""黄世仁""穆仁智"也都拿起了武器，跟着部队向敌人突围的方向涌去。

回忆起当时的情景，陈洁仍心有余悸。

包子熟了，饺子也出锅了，四菜一汤摆进了掩体堑壕，阵地里其乐融融，将士们开始过年了。

这时，解放军阵地上架设的喇叭里，响起一个洪亮的声音：

中国人民将要在伟大的解放战争中获得最后胜利，这一点，现在甚至我们的敌人也不怀疑了……

……几千年以来的封建压迫，一百年以来的帝国主义压迫，将在我们的奋斗中彻底地推翻掉。一九四九年是极其重要的一年，我们应当加紧努力。

听着毛泽东主席为新华社撰写的新年献词，解放军的将士们心潮澎湃，群情激奋。

这真是一个叫人难忘的新年！

野炮打空投

雪停了，天也快黑了。在陈官庄的上空灰黑的云层里，出现了3架运输机。南京方面的空投又开始了。

由于连续几天下雪，"大傻瓜"（解放军战士们给敌人运输机起的外号）一直没有来。被困在包围圈里的国民党官兵们饿得哇哇叫。这天雪刚停，"大傻瓜"便贪黑赶来空投。

此时，解放军的一个炮兵连正在擦拭野战火炮。听见飞机声，战士们纷纷抬头对空观望，看了一会，不知是谁气冲冲地冒出一句：

"看它飞的那个样子，存心气我们！"

"有啥法子！我们又没有高射炮。"排长保句随口答到。

"用野炮揍它几下怎么样？"炮手胡双喜说道。

这时，连长车乃荣来了。他走到排长跟前，拍拍他的肩头，排长便跟着连长来到火炮前方的一个小土坎下面坐了下来。

"保句同志，上级命令组织火炮对空射击，阻击敌人空投。连里决定把这个任务交给你们排。"连长充满信心地看着排长。

"好啊，我们的野炮能对空射击？"排长又惊又喜。

"是呀，这是个新问题。你和排里的同志们先研究研究吧。"

排长边往回走边想：要野炮仰着脖子对空射击，虽然以前从没有听说过，但最近确实一直在思考这个问题，排里的同志们也一直想试试。至于能不能把飞机打下来，还没把握。既然上级有指示，回去好好与大家研究一下，总会弄出点名堂来。

回到排里，排长把任务一说，大家高兴得不得了。

炮班长赵振声说："太好啦，这回可要出出气了！"

"上级真英明，就该这样干嘛！"早就跃跃欲试的胡双喜高兴地说。

于是，大家聚在一起研究起来……

第二天深夜，几匹高大的骏马拉着野炮，穿过满是弹坑的田野，从永城向陈小楼奔驰。炮车轮子像飞一样地旋转着，轧得路上的积雪沙沙作响。

一到目的地，他们在柏树林旁边选好一个大坟包，又在坟包上挖个扇形的炮床，这样炮身前高后低，炮筒子就可竖起来了。大家摸黑挖好工事，把炮推进去一试，不行，土太软，炮轮陷下去。

炮轮转不动，炮身就动不了，火炮也就无法捕捉敌机。怎么办？排长发愁了。

突然，身后"扑通"一声响，把排长吓了一跳。他回头一看，只见胡双喜和赵振声抬来一个大磨盘。赵振声兴冲冲地指着磨盘说：

"排长，把这家伙垫在下面，你看怎样？"

"好，试试看。"

磨盘垫好了，两个炮轮落了实。胡双喜和赵振声两人拿住一根调架棍，把炮架左右转动两回。胡双喜乐得跳起来：

"行，排长，自动化了。方向转到一百八十度，不成问题。"

只差个瞄准问题没有解决了。大家你一言，我一语，可是研究了半天，也没想出个好主意。炮班长赵振声发呆了，连最积极的胡双喜也静了下来。

人多智广，最后观察班长赵璧想出了个办法：利用方向板测远机等观察器材，进行间接瞄准。试了试，还行，就是慢了些，不知能不能捕捉到飞机。

观察员小洪说："排长，等天亮了，咱们拿乌鸦当飞机瞄一瞄不就知道了吗？"

第二天，太阳升了起来，平原上的积雪反射出一片银光。空中传来乌鸦的"呱呱"叫声。

排长叫小洪赶快试试。小洪对着高低飞旋着的乌鸦瞄了几次，方向机捉住老鸦没问题。这下子大家心里有了底，又活跃起来了。

"我们的野炮今天要大显神通了！"

"杜聿明吃不成空投了！"

不一会儿，隐隐约约传来了飞机的轰鸣声。观察员报告说："正南方向，3架'大傻瓜'。"大家马上各就各位。

"大傻瓜"由远而近，来到了陈官庄上空，开始做盘旋飞行，选择空投场地。

瞄准手报告："目标捕住！"

"放！"排长一声令下。

炮手胡双喜将拉火绳一拽，一颗炮弹立刻呼啸着飞上天空，敌机身边出现了淡黄色的花朵。

遭到这突如其来的打击，"大傻瓜"慌了手脚，迅速抬头爬高。

我们火炮又追着飞机屁股猛轰了几下，"大傻瓜"慌慌张张地向南逃走了。

"'大傻瓜'真熊包！"胡双喜双手叉着腰说。

"'大傻瓜'才不傻哩，逃跑比飞来时快多啦！"不大爱说话的观察班长也开腔了。

阵地上爆发出一阵阵欢笑声。

过了一会儿，敌机又来了。一共4架，飞得比前一批高，航速也快得多。盘旋一会儿，俯冲下来。火炮响了，飞机还没来得及空投，便赶紧又爬升起来。敌机几次俯冲，都被火炮逼了回去，空投企图始终没能得逞。这样反复了几次之后，其中的一架似乎急了，猛地向下一冲，急忙投下几个白点子，马上掉转屁股向南逃窜，其余几架来不及空投就跟着溜了。

由于忙中出错，敌机投下的白点子飘飘悠悠地落在包围圈

外面解放军的阵地上。

下午，敌机又来了。这次除了4架"大傻瓜"之外，还有4架"小流氓"（解放军战士们给敌人战斗机起的外号），他们是专为"大傻瓜"保驾护航的。

"小流氓"好像有意要在"大傻瓜"跟前逞能耍威风一样，在陈官庄上空横冲直撞，对解放军阵地狂轰滥炸。

"别理它，专揍'大傻瓜'!"排长下达命令。

尽管"小流氓"在空中耀武扬威，可是炮弹不停地在"大傻瓜"身边爆炸，吓得它们始终不敢俯冲空投。

炮排的阵地被"小流氓"发现了，它们就像黄蜂一样扑了下来，围着阵地打转，炸弹左一个右一个地往下摔。阵地上硝烟弥漫，烟雾腾腾，阵地两边的柏树枝被打得簌簌地往下掉，小柏树被炸弹掀起来好几棵，横七竖八地躺着。

"排长，'小流氓'太狂了，是不是收拾它一下?"小洪气愤地说。

"对。摆摊就是卖的，给我狠狠地打!"排长也火了。

挨了一阵炮弹，"小流氓"光在空中转圈子，不敢俯冲了。

突然一声巨响，一枚炸弹在阵地附近爆炸，掀起一股巨大的气浪。幸好大家及时卧倒，没有受伤，站起来抖掉身上的泥土又继续干。

打着打着，排长感觉不太对劲，炮手好像少了一个。他环视四周，"噫，小李咋不见啦?"话音未落，就听见有人回答："我活着，在这儿!"小李正在弹坑旁边，顶着土往外钻，满脸满身都是湿泥。小李没有受伤，大家心里一阵轻松，劲头更足了。

最后，敌机只好在高空中胡乱地把东西扔了下来，便像没头苍蝇一样，乱哄哄地向南逃去。

攻心战

国民党黄维兵团被歼后，华东野战军遵照毛泽东的指示，为配合平津战役，暂缓了对杜聿明集团的攻势。军事攻势停止了，然而，一场规模空前的对敌政治攻势却一浪高过一浪。解放军电台在淮海前线广阔的空间里，反复地广播毛泽东写的《敦促杜聿明等投降书》。这种强大的声浪，直捣敌人心脏。旨在瓦解敌军的心理战随之热火朝天地开展了。

冷绍志是华东野战军的一名宣传干事。一天，他来到一个距敌人前沿不到50米的连队，与连队官兵们一起向包围圈里的敌人喊话，宣传解放军的政策，劝敌人弃暗投明。

最初，对面阵地里的敌人静悄悄的，好像是在听，不久便听见一阵骚动，接着敌人的步枪、机枪一齐打了过来，把一个战士手里喊话用的喇叭筒也打了个窟窿。这个战士气愤地把喇叭筒一丢，向身边的冷绍志说：

"干脆，别跟这些家伙磨嘴皮了！让他们在刺刀下求饶吧！老子的枪又不是吃素的！"

冷干事耐心地对他说："不能心急，这是一种政治斗争，既然是斗争，就不会那么轻松。"

这时，纵队敌工部长来了。他见敌人不停地向这边射击，便对大家说，现阶段我们的主要任务是瓦解敌人，为此，对待敌人要以"攻心为上"，但可以把发动政治攻势和施加军事压力适当地结合起来。大家明白了其中的意思，再向敌人喊话时，先把全连的机关枪和各种小炮都推上来，并做好射击准备，开口就向敌人发出警告：

"你们要老实点，不准打枪，再动武，我们就不客气！"

话音刚落，敌人又"乒乒乒乒"地打起来了。

连队立刻进行还击。小钢炮一阵轰鸣，只见敌人阵地上尘土飞扬，机枪顿时哑了。

战士们乘机再喊："蒋军兄弟们，以后不要乱打枪了。你们手里的枪，是美帝国主义和蒋介石的，你们的命可是自己的。"

接着开始劝他们投降过来："如果白天过来不方便就晚上来，只要轻轻拍拍手，我们就明白了。"

政治攻势与军事压力相结合这法子真灵验。敌人不敢再轻易打枪了。

冬天天黑得早，吃完晚饭，冷干事和连队战士们一起来到交通壕前沿，准备继续向敌人发动"攻势"。刚端起话筒还没来得及喊话，就隐约地听见有声音。

"冷干事，你听，好像是拍手的声音。"一个战士说。

"是，是拍手声。怎么，真有投降的来了？"连长高兴地说。

冷干事挥了挥手，示意大家别出声，然后也轻轻地回拍了三下，对方在黑暗中也拍了三下。

大家静静地等了一会儿，没有动静。

冷干事又轻轻拍了三下，对面回应了三下……

连长感到奇怪，怎么光听见拍手声，却一点也看不到人影行动。会不会是敌人利用这个暗号来偷袭我们？他把手枪掏出来，顶上子弹，打开保险，并命令战士们也做好准备，以防万一。

冷干事低声对连长说，不要轻举妄动，等把情况弄明白了再说。

不一会儿，一个黑影出现在眼前。战士们看清了，那黑影还提着一支步枪，一边拍手，一边向连队交通壕爬来。于是，好几只手都伸出去，把他拉进了阵地。

在阵地的烛光下，只见这人年纪约30多岁，穿着一身破烂的棉军装，右手提着一支捷克式步枪，左手拖着一袋子手榴弹，手背裂得像松树皮，满脸黑灰，豆粒般的汗珠，一颗一颗往下掉，浑身哆嗦。战士们叫他不要害怕。半天，他才气喘吁吁地说了一句：

"老天保佑，总算过来了！"

原来他是敌特务连3班的，听见了解放军的喊话，句句都说到他心坎上。于是趁当官的不在地堡里，便壮起胆，装着出来小便，就赶忙爬过来了。

他歇了一会儿，喝了杯水后，接着说：

"我们已经3天没吃饱饭了，弟兄们都想过来，心里有些害怕。你们喊话，都想听，可是当官的不让听，连长要大家捂住耳朵，谁听枪毙谁，还逼着弟兄们打枪。今天，你们打了一阵子炮，把连长吓跑了……"

冷干事见他很虚弱，便叫人拿来些包子给他吃。谁知，三四十个包子，他一口一个，很快吃得一干二净。

随后，战士们对他进行了一番安慰和教育，便找个地方叫他睡觉。

第二天，冷干事带上几个战士和那个投诚过来的士兵到了前沿，开始对敌人喊话。谁知没喊几句，只听得对方交通沟里乱嚷着："打，打！"

冷干事立即转身向后面喊了声："预备——放！"

一阵排子炮弹打了过去，打得敌人叽哩哇啦乱叫。

冷干事紧接着喊起来："你们已经3天没吃饭啦，不要再为蒋介石挨饿受冻了，快过来吧！"

"谁说没吃饭，我们吃的是蛋糕！"对方竟答上腔了。

身旁的投诚士兵小声说："这就是我们的那个连长，他姓纪。"

冷干事向对面大喊起来："姓纪的，不许撒野！我们知道你是特务连的连长，吹牛可吹不饱肚子，要死要活你自己挑。"

147

那家伙像被锥子刺了似的，也跟着大喊起来："你胡说，胡说！我不姓纪，也不是连长！"

"别撒谎了，我早就清楚你是特务连的纪连长。告诉你，对士兵别太凶了，不然，将来抓住你，有你好看的！"

"打，给我打！……"那个家伙气得哇哇直叫。

枪声稀稀拉拉响了几下，很快就听不见动静了。

冷干事让那个投诚士兵向敌人喊话，把昨晚怎样过来，又怎样受到我们的宽待都讲一遍。

只听见那个特务连长又在破口大骂："妈的，都给我滚回地堡去，滚……"不用说，这是骂那些静心听解放军喊话的士兵。

当晚又有 3 个国民党士兵过来投降，其中一个也是特务连 3 班的。

第三天，一下过来十几个，又有几个是 3 班的。

以后，差不多天天都有过来的，也天天都有 3 班的。前前后后，投诚过来的人，报告自己是特务连 3 班的就有 20 多个。

冷干事感到有些奇怪，这个 3 班是个什么班？一个班 20 多个人，从来没听说过。他把头一个自称特务连 3 班的士兵叫来，问他认不认识那十几个人。他摇摇头说："不认识！"冷干事问其中的一个："你们都是一个班的，为什么不认识？"那人回答："我补充到 3 班才两天哩，他怎么会认得！"这才弄明白：原来的 3 班，几天就差不多跑光了，敌人把班补齐，不到两天又快跑光了。敌人接连补充了 3 次，但是最后从班长到士兵，跑得一个不剩。这个在邱清泉管辖下被认为很可靠的特务连，在 10 天之内竟被喊过来 62 名，差不多占了这个连总人数的 $\frac{2}{3}$。

临近年关时，上级又组织了一次声势浩大的政治攻势，几乎前沿部队所有的人员都参加了。有向敌人喊话和广播的，有为敌人唱戏和唱歌的，有利用俘虏给敌人送馒头食物的，有放

风筝或打炮送宣传品和"贺年片"的,有插标语牌、贴漫画的……天上地下,白天黑夜,应有尽有。这次政治攻势的战果十分辉煌。整个前线每天至少有300多敌人跑过来投降。开始是单个的,成班成排的,接着是成连成营的。此后,连团长一级的人物也带着部队投奔了过来。

截至解放军总攻发起之前,投降过来的国民党官兵即达1万多人。在投降的人中,大多是士兵和下级军官,也有中、高级军官,还有那些从事监视的专职人员和所谓的"政工人员"。

对于解放军的政治攻势,一个被俘的国民党军高级将领说:"共军的政治攻势,真是比张良的'楚歌'还厉害,弄得我们内部上下猜疑,惶恐不安,士无斗志,一击即垮。士兵和下级军官在前沿,只要避开了政工人员,就纷纷缴械投降……"

敲响丧钟

房顶上的厚厚积雪开始消融,汇成清流,顺着屋檐而下。

"滴答,滴答,滴答……"

粟裕站在屋檐下,听着这滴水声不觉怦然心动:气候转暖了。此刻他想到了淮海战役结束后要进行的另一次重大的战役——渡江作战。渡江的时间最晚不能超过4月底。4月底以后江水暴涨,江面将大大增宽,不知会增加多少伤亡。如果要避开洪水,又将是秋后了。那时,蒋介石有了喘息的机会,形势如何发展实难预料。

对他来说,这滴水声不是简单的自然之声,而是一个信息,是一个不可抗拒的命令,是稍纵即逝的战机。

粟裕回到屋子里,手摸着下巴,沉思起来。

当前,华北傅作义集团已被分割包围于北平、天津、塘沽,只要歼灭了杜聿明,我军就能控制华北战场。

人民解放军向杜聿明集团发起总攻

于是，粟裕向毛泽东发电，要求立即对杜聿明集团发起总攻，迅速结束淮海战役，以便实现中央军委和总前委的战略意图，在4月底之前完成渡江战役，打到江南去。

毛泽东回电，同意发起总攻。

粟裕接到回电，立即召开作战会议，部署作战行动：

东集团：宋时轮、刘培善指挥，率三纵队、四纵队、十纵队、渤海纵队、冀鲁豫军区独立一、三旅向敌阵地东部攻击；

北集团：谭震林、王建安指挥，率一纵队、九纵队、十二纵队由北向西南攻击；

南集团：韦国清、吉洛指挥，率二纵队、八纵队、十一纵队由南向东北攻击；

另以六纵队、七纵队、十三纵队、鲁中南纵、两广纵队及第三十五军为外围拦截部队，截歼可能突围之敌。

1949年1月6日，围歼杜聿明集团的战斗开始了。

15时20分，陈官庄地区淹没在解放军强大的炮火之中。

杜聿明集团的第一道防线很快被摧毁。

成凹、金丝庙、后刘园、许小凹、李楼相继为东集团攻克。

范庄、李明庄、左寨相继为南集团夺取。

夏庄、何庄、万庄、小闫庄先后为北集团攻陷。

……

杜聿明的告急电报接二连三地摆在蒋介石的办公桌上。

看着杜聿明的电报，蒋介石的脸拉长了，太阳穴上的青筋一根根地凸显出来。他拿起电话，对空军副总司令王叔铭说："光亭那里十万火急，你要不惜一切代价全力支援！"同时，他还下令，继续向陈官庄地区空投《黄百韬烈士纪念册》和共产党宣布的43名战犯的名单，因为杜聿明是战犯之一。

蒋介石心里明白，现在大势已去，做什么都已无济于事。他惟一的希望就是，杜聿明全体将士能够战斗到最后一分一秒，哪怕是全军覆灭，他在精神上似乎也大获全胜了。

王叔铭丢下话筒，直奔机场。披挂整齐后，率领轰炸机群直飞陈官庄上空。从空中向下观望，陈官庄地区人头攒动，火光冲天，喊杀声一片，像一个沸腾的海洋。

"光亭兄，我来了！"王叔铭和杜聿明沟通了地空电台。

"谢谢你，老同学！"杜聿明已经心力交瘁，喘息着说，"炸，炸，炸……"

轰炸机群连续轰炸、扫射。

飞机投下了无数从美国运来的新型炸弹。这种炸弹是一种威力巨大的毒气弹，就像往沸水里添了一瓢凉水，丢在哪里，哪里就立即平静下来。炸弹从一线阵地到解放军的后方村庄，一路丢过去，炸出一条宽大的没有了声息的死亡"河谷"。可

是，当国民党军从这条"河谷"涌出的时候，两边的解放军又会像群山一样倒压下来，坚固地封住出口，填平"河谷"。

截至 9 日上午，陈官庄已如剥掉了芦叶的粽子，赤裸裸地放在了解放军的盘子里。

杜聿明集团的总崩溃开始了。

"王牌军"的覆灭

杜聿明集团的部队多为蒋介石的嫡系主力，尤其是邱清泉及其所属第五军。

第五军同国民党整编第七十四师、新一军、新六军、第十八军（即整编第十一师），是完全美式机械化的部队，被称为"五大王牌军"，是国民党蒋介石进行反革命内战的骨干。在抗日战争期间，蒋介石始终舍不得用它们来打日本，把它们放在"山边"养精蓄锐，准备有朝一日用来作为发动反革命内战的骨干力量。日寇刚刚宣布投降，它们便在美帝国主义的直接指使和帮助下，跑下山来，抢夺胜利果实。解放战争爆发后，它们像一条条大鲨鱼，到处游来游去，真是不可一世！

国民党的这几条鲨鱼早已引起了猎手的注意。1948 春天，朱德总司令代表毛主席、党中央亲临华东前线指导工作。他勉励广大指战员争取华东、中原战场的新胜利，要求部队顽强作战，歼灭敌人主力。他指出：把国民党这几张王牌搞掉了，问题就等于解决了一大半。朱德还提出了"钓大鱼"的口号。他说，对付国民党的几个"王牌军"，要采用钓大鱼的办法，先让鱼钩在水中慢慢地来回摆动，搅上几个钟头，搞得它筋疲力尽时，再把它拖上来揍。当时在华东，所谓"大鱼"，就是邱清泉手下的第五军。

从那时起，解放军部队里就唱着："打五军，打五军，钓大鱼，玩龙灯，先剥皮，后抽筋……"

猎物终究逃不出猎人的枪口。整编第七十四师首先被埋葬于孟良崮，新一军、新六军在东北战场上被一网打尽，整编第十一师又在双堆集送了命，最后只剩下这个第五军。

对第五军这条大鱼，华东野战军花了不少工夫。睢杞战役，虽然把它打得鳞甲残败，但没有把它钓出来。淮海战役的第一阶段，当该敌向东增援黄百韬兵团时，在徐州以东的狼山、鼓山一线，遭到解放军的顽强阻击，碰得头破血流。当发现大势不妙时，便屁股一转，缩回徐州去了。后来它从徐州突围南逃，又在津浦线上遭到了解放军的坚强阻滞。

现在到了它恶贯满盈、最后灭亡的时候了。

受命消灭蒋介石最后一支"王牌军"的部队是华东野战军的第一纵队第三师。

7日黄昏，第三师在强大的炮火掩护和兄弟部队的配合下，采用了集中优势兵力，打一点歼一点的战法，迅速夺取了朱小庄、罗河堤外围的许多地堡墙。与此同时，兄弟部队也迅速夺取了十几个村庄。当三师九团向夏寨东南朱小庄以西罗河堤之敌发起攻击时，遭到了邱清泉兵团第五军四十五师和李弥兵团一部的顽强抵抗和疯狂反扑。

敌人在罗河一线进行着垂死挣扎。

罗河，由西北流向东南，是朱小庄与丁枣园的天然屏障，也是邱、李兵团防御的结合部，敌人在河堤两岸及其周围布下了密密的地堡群，以猛烈的火力拼死据守。经九团多次强攻，仍然未能突破敌人防线。罗河堤拿不下，就难以攻占朱小庄和丁枣园，因而也就割不断邱、李两兵团的联系。

"我们必须先啃掉这块硬骨头！"师长陈挺和政委邱相田商量决定：八团继续向朱小庄攻击前进；担任预备队的七团投入战斗，与九团同时向罗河堤发起冲击。

　　经过反复争夺，一个营攻占了长约200米的一段堤埂，楔入了敌人的主要防御阵地。

　　敌人震惊了，立即命令丁枣园与朱小庄两方面的火力对罗河堤进行火力支援，并组织力量在强大炮火的掩护下反扑过来。河堤上的解放军战士们在营长的带领下，与敌人展开了一场白刃战。反扑被杀退了，敌人开始使用毒瓦斯和火焰喷射器向突破口进行攻击，飞机也出动配合轰炸、扫射，阵地上浓烟弥漫、烈火燃烧，到处一片焦黑。战士们在毒气和烈火中翻滚着，用湿手巾掩着口鼻，流着泪水，浴血奋战，寸土不让。一个营打得只剩下几十个人了。

　　此时，第三、第四、第十纵队尾追着崩溃中的李弥兵团，分三路由东向西直向敌人的心脏——陈官庄插去，其他各路纵队也开始向敌人纵深挺进，对敌人进行穿插分割。敌人的防御体系基本上被打烂了。

　　三师根据上级的指示，调整了战斗部署，以一部分兵力继续进行正面作战，吸引、牵制罗河堤和丁枣园的敌人，暗中将主力部队分多路向敌人接近。各部队到达指定位置后，三师打破黑夜行动的常规，在白天从三个方向对朱小庄突然发起总攻。经3个小时激战，全歼守敌1个团。河堤上，敌尸成堆，到处是被击毁的战车、大炮，到处是被打烂的堑壕、地堡。

　　三师八团越过罗河后，一直打到丁枣园东南角的集团地堡面前，接连打退了敌人的几次疯狂反扑。

　　七团自朱小庄西面的河堤北岸向西北攻击，占领了丁枣园正东一段河堤。

　　据守罗河两岸和丁枣园的敌人，已处在解放军的钳形攻势下。

　　夜深了，敌人的抵抗弱了下来。忽然，七团一营对岸的敌人阵地里摇起了白旗，接着爬出来一个人。只见他使劲地摇着旗，边走边喊："别开枪，我是来谈判的！"

来人自称是国民党第五军四十五师新闻室主任，他提出了投降的条件：一是保证生命安全；二是保护私人财产；三是作为起义部队对待，发给回乡证明书；四是允许解甲归田。

团政委立即向师首长作了汇报。

得到的回复是：按我党我军的既定政策办，除了无恶不作的战犯以外，其余的人只要放下武器，一律既往不咎，并保证他们的个人财物和生命安全。但是有一条，要他们立即停止抵抗，并在夜里3时以前全部放下武器，否则就将全军覆灭。不存在"起义"之说，要他们立即派正式代表过来谈判。

师指挥所里，师长陈挺用铅笔在上面画了一个红色圆圈，对政委邱相田说：

"敌人动摇了，我们要勇猛地杀进去，要九团迅速插到丁枣园以西，八团插到东南和西南，把包围圈拉紧，迫使敌人更快地放下武器。"

邱相田接过话茬说："从敌人这些条件里，可以明显看出，他们由于自己过去犯下了滔天罪行，在这次作战中又不顾我军的一再警告而使用毒气，因而害怕人民惩罚。我们一面要紧缩对敌人的包围，迅速做好攻击准备，防止狡猾的敌人玩把戏，企图拖到天亮以后在飞机掩护下再突围，一面要加强对敌的政治攻势。如果敌人不投降，就要坚决消灭它！"

指挥所里更加忙碌起来。司令部的同志们不停地摇着电话，检查部队的战斗准备情况。政治部的同志们，都赶到前沿，组织部队展开对敌政治攻势，准备受降。

没过多久，七团政委领来了5个身穿士兵棉大衣，提着大皮包的国民党军官。他指着为首的一个40多岁的大个子说："他就是第五军四十五师的崔师长，想见见首长。"

只见这个大个子师长，帽耳朵耷拉在脸上，棉大衣紧紧裹

住身体。二十几天的围困，几昼夜的打击，看上去他十分狼狈。

邱相田义正辞严地跟他说："战局已经非常明朗了，抵抗下去只有死路一条，你们应该立即放下武器，向人民解放军投降。这关系着一师人马的性命安全。你是一师之长，应该为他们着想！"

他抬起头来，淡淡地说："我们这次失败，是战略上的失败，不是战术上的失败……"

"蒋介石卖国打内战，反共反人民，你们的失败，早就注定了！不管你采取什么战略战术，也挽救不了你们灭亡的命运！"邱相田严正地指出。

他最后的一点气势被压下去了。

沉默了一会儿，他又提出能否按"起义"部队来对待他们。

陈挺师长猛然站了起来，厉声喝道：

"只有无条件放下武器，才能得到人民的宽大！"

这个敌师长终于默默无言地低下头来，他的身体微微地发抖。

最后，他说："我们部队过来以后，请长官们饶恕一点儿！"

天亮了，国民党第四十五师来到了解放军给他们指定的地点缴械投降。

这时，各兄弟部队也纷纷传来了捷报，第五军的其他 2 个师，在我军的猛烈攻击下，有的被消灭了，有的投降了。被蒋军看做命根子的最后一支"王牌军"，就这样覆灭了。

最后的战斗

解放军的一个连队占领了一个阵地，连长指着前面一道高约两米的土圩子，说："同志们，那是通向杜聿明总指挥部的最后一道防线。我们的任务，是在明天拂晓，攻占这个土圩子，

朱德与陈毅、粟裕及华东野战军的部分干部合影

与友邻部队一道向敌人纵深发展，直捣陈官庄！"连长说着，做了一个冲杀的手势。

胜利就在眼前了，同志们格外精神。

入夜，大家分散在地堡和交通沟里，谁也不觉累，谁也不觉困，都等待着上级下达最后的攻击命令。时间过得真慢啊！不知什么时候，帽檐和睫毛上都结起了霜花。往日，入夜以后，敌人总是借盲目炮击给自己壮胆。今夜，敌人的炮声稀稀落落，敌人的步兵也缩着脑袋，很少射击。是敌人故作镇静吗？不，从对面敌人小土圩里隐隐约约传来嘈杂急促的人声判断，蒋军已经乱成一团了。

天还没亮，远处便响起了隆隆的炮声，大概是友邻部队发起攻击了。此时，对面小土圩里的敌人又是吹哨，又是喊叫。连长立刻打电话，向营长建议：乘敌人混乱，提前攻击，要求炮火支援。电话还没讲完，对面圩里又传来了一片嘈杂声。

冲锋号吹响了，战士们从战壕里一跃而出，呼喊着向敌人冲去，转眼之间就冲进了土圩子里。借着昏暗的月光，望见黑沉沉的开阔地上，物资散乱，车马嘈杂和无数溃逃着的敌人背影。

战士们拼命地往前追，一会儿功夫就钻到了敌人堆里。此时，到处在呼喊，到处都是枪声，已分不清东南西北，也不知道哪里是陈官庄了，大家只知道向敌人最多的地方猛冲。有的战士看到那么多枪械，顺手拣几支背上，跑几步，换一支，跑几步，再换一支。连长见状，急忙喊："先不要拣枪，快快前进！"

部队看到在一个野炮阵地，6 门野炮整整齐齐地排列着，旁边的炮弹箱敞开着，一群国民党官兵，手里高举着武器，向冲过来的战士说："我们是投降了的，我们往哪走，往哪走？"战士们向身后一指，又接着往前飞跑。又遇到一群投降的敌人，他们摇着白毛巾，拍着手，不住地高喊："欢迎解放！欢迎解放！"战士们边往前跑，边向身后的方向指……结果可好，成群结队的俘虏，自动集合起来，汇成十几路纵队，向解放军的后方涌去。还有一些零散的俘虏陆续被卷入部队前进的队伍之中，很快把队形扩充得十分庞大。

一个满脸络腮胡子的俘虏拖着一个披头散发的女人，喊住连长："长官，这个给你！"他掏出一支驳壳枪来，外加 50 发子弹。连长问："你是干什么的？"他说："司书。"连长对他说："好吧，把你的部队带到后边去。"一路上，俘虏中自称是"司书"的特别多，部队感到挺奇怪，"司书"到底是做什么的？国民党部队怎么这么多"司书"？后来才弄清楚：在几天以前，几乎所有敌军官都换上了士兵衣服，早就准备着这一天的来临。

部队不停地向前跑，一下子跑步十来里路，战士们的棉衣都湿透了，越跑越重。天色渐明，看看周围，才发现他们正处

人民解放军某部向敌人勇猛冲击

在一大群帐篷和地堡中间。有军用帆布帐篷，有降落伞搭的帐篷，有迫击炮管盖顶的地堡，有把汽车翻过来盖顶的地堡……战士们走进一顶大帐篷，帐篷里的人见了解放军，一个个都站了起来。其中一个恭恭敬敬地说："报告长官，这是我们的武器，80发子弹一发也没有放！"往地上一看，果然放着步枪和机关枪，旁边是鼓鼓的子弹袋。

指导员问："这是什么地方？"

"报告长官，这里是陈官庄。"一个俘虏回答。

"好家伙，我们已经插到杜聿明的总部来了！"

在离此不远的一片平地上，有几百个长方形的小土坑，有些被雪埋平了。揭起坑上的被子看看，全是伤兵，已经死了不少，还活着的就诉苦求救。他们流着泪说，他们都是从前方抬到这里的，医院不收，担架兵没办法，把担架倒扣过来就跑了。

战斗结束了，连队奉命撤出战场。一个同志跳上汽车，大声对俘虏们说："谁会开汽车，站过来！"一下就站出来十几个

汽车司机。全连立即跳上几辆美造十轮大卡车，高声唱起战歌，凯旋而归。

"军需处长"杜聿明的结局

陈官庄的枪炮声已经稀疏了。村庄里，成千成万的俘虏，到处都是，他们从四面八方汇聚到临时开设的收容所。俘虏们一个个饿得张着嘴，瞪着眼，在等饭吃。看见送饭的挑子一来，上去就抢。由于炊事员人手有限，忙不过来，只好发粮食，让他们自己烧饭吃。于是乎，俘虏们手里的洗脸盆、去了衬里的美制钢盔、茶缸、熏黑了半截的铝水壶……都变成了"小锅"。

俘虏兵们吃饱了饭，解除了顾虑，一个个变得有说有笑了。几个俘虏来到收容所的办公室，负责收容工作的陈茂辉问："你们有什么事吗？"其中的一个说："我们有饭吃了，再也不吃这些东西了。统统交给长官吧！"说着，从衣袋里掏出大包小包的东西。摊开一看，有乌黑卷曲的条条，有带着毛根的块块，有蜡黄带黑的硬条。他们见陈茂辉不认识，纷纷说："长官，这是马皮，这是驴皮，这，这是……"

"我们没有饭吃，空投的全给当官的吃了，他们就让当兵的吃这些。"

这时，卫生处长赵云宏打来电话。他说，又抓到一个国民党军官，有记者跟随，还有卫士，估计至少是一个"将官"。

门前的俘虏越集越多，一眼望不到头。其中还有许多学生，他们大部分是被国民党从徐州骗出来的，有的是受"正统"观念的毒害，跟着跑出来的。他们身上的衣服早被国民党兵扒去了，一个个冻得瑟瑟发抖。陈茂辉叫人燃起一堆堆高粱秸秆给他们暂时取暖。

"刚才说的那个'将官'怎么还没送来？"陈茂辉打了个电

话过去。对方回答："已经送来了，正在路上。"

两个小时之后，人到了。押送的人见面就说："他们怕飞机，路上走走趴趴，好容易才弄过来。"说着便向门外叫，"进来！"

进来了两个人。其中一个是年轻人，一身记者打扮。另一个是中年人，穿着一身士兵棉服和破大衣，乍一看像个伙夫，但眉宇间散发着一种稳重干练的神态。

陈茂辉让他们坐下，然后递给他们一支"飞马牌"香烟。那个"中年人"接过放到桌上，连忙从衣袋里掏出一包玻璃纸包装的香烟，撕去那烟盒上封口的红条条，抽出一支递给陈茂辉，又送一支到自己的嘴上。

坐在他一旁的"记者"，连忙掏出打火机，咔嚓一下打着了火，恭恭敬敬地给"中年人"点烟。被他瞪了一跟，"记者"才恍然大悟，赶忙转过手把火送到陈茂辉面前。他们这些动作，使陈茂辉察觉到，这个"中年人"不是个一般人物。陈茂辉开始对他留意起来，发现他的鼻子底下有一些残余的胡须，像是刚剃过的。国民党军中只有一些大人物才会留有这种象征着身份与威严的唇须。

电话铃又响了，是民运科长打来的，说他们那边又增加了3个少将，都是自动坦白的。陈茂辉对着电话筒说："不管是什么将，自动坦白就很好，要保证不虐待他们，给饭吃，好好向他们讲解我军的俘虏政策。"这番话，当然也是有意让屋子里的俘虏们听的。

陈茂辉坐下来，开始审问：

"你是哪个部队的？"

"十三兵团的。"

"干什么的？"

"军需。"

"军需?"

"是军需处长。"那个"记者"赶忙在旁边解释。

"叫什么?"

"高文明。"

"高文明,这个名字起得不坏啊!……你们十三兵团有几大处?"

"六大处。"

"你先把六大处处长的名字写一下!"陈茂辉顺手递给他一本白纸簿。他伸手到大衣口袋里去掏笔,掏了半天,掏出了一包美国香烟,再掏,是一袋美国牛肉干,最后才掏到一枝派克钢笔。但是,只写了几个字就写不下去了。

"怎么不写了?"陈茂辉说,"难道你们一起的几个处长的名字都不知道吗?"

"我知道,我知道。"他说着,又在纸上写。可是,好半天,还是在描着原来那几个字。

那个"记者"伸手要代他写,被陈茂辉制止了。

"你还是老老实实讲吧,你是干什么的?不必顾虑。"陈茂辉说着,又拿出那份《敦促杜聿明等投降书》给他念了一遍,然后说:"你不必顾虑,我们的俘虏政策是:不论大官小官,只要放下武器,是一律宽待的,除了战犯以外。"

听到"除了战犯以外"这句话时,他抖动了一下,几乎把头埋到衣领里去了。

陈茂辉接着说:"蒋介石是失败了。黄百韬自杀,黄维兵团被消灭,黄维本人想混走,也还是被活捉了……"

他忽然一怔,忙问:"黄维在哪里?"

"你们一定很熟悉吧,很快你就可以见到他的。"

这时,一个战士进来说: "首长,一个京戏班子被送过来了。"

陈茂辉从门口往外一看，好家伙，门外站着一些男女演员，大概为了表明自己的身份，竟把五颜六色的戏装穿在身上。周围的俘虏见了他们竟高声大骂起来："你们这些破烂货，前几天还给当官的演戏哩，飞机空投的东西都给你们吃了。现在不能给你们饭吃！"

"我们也是没办法啊，被拖出来，回不去，只好唱点吃点！"演员们叫起苦来。

原来这是郑州的京戏班子。黄百韬兵团在碾庄被围时，刘峙为了骗取功劳，制造了"徐州大捷"的消息；国民党为了欺骗人民，又大加渲染，下令各城市游行祝捷，组织慰问团去慰问。这个郑州的京戏班子一到徐州，杜聿明就弃城逃跑，他们就被带到了陈官庄。

陈茂辉把戏班子里的琴师叫进来问话。那个"军需处长"抬头看了琴师一眼，连忙转过身去，装作去拨火堆里的高粱秸秆，结果搞得屋里烟雾弥漫。

问过话后，陈茂辉让把琴师送出去。警卫员说了声"是，首长"，便把琴师带了出去。

审问继续。也许是听到周围的人称呼陈茂辉"首长"，"军需处长"问："你是不是陈毅将军？"

陈茂辉告诉他说："你只要彻底坦白，对我说也是一样。"

他还没有表示态度，敌机不知在什么地方丢了颗炸弹，满屋都震动了，门外一匹马吃惊地嘶叫。这一下可把外面的俘虏们触怒了，他们高声叫骂起来：

"这帮狗杂种，明明知道是自己人还要打！"

"他妈的，还在要什么威风，你们要是在地上，也当俘虏了！"

又几颗炸弹投了下来，"军需处长"脸色严峻起来，那个"记者"更是沉不住气了，连忙对陈茂辉说：

"这个地方，恐怕不大安全吧！"

"你放心，这个地方很安全！我们跟你们打了几十年交道，你们的美国飞机有多大本事，我们比你们知道得更清楚。"陈茂辉不慌不忙地说。

他们似乎心里有些底了。"军需处长"从兜里拿出一个鱼片嚼了起来。他的衣服鼓鼓囊囊的，简直像一个随身给养库，他本人则像一个魔术师，一会儿从衣襟的夹层里掏出一袋牛肉干，一会儿从大衣下边的夹层里掏出香烟，一会儿又从衣袖里面掏出东西来。

陈茂辉的桌子上还摆着刚才俘虏们留下的"食物"。陈茂辉看了一眼，心中不禁感叹：一边是士兵的驴皮、马皮，另一边是军官的美国咖喱牛肉干，这就是国民党反动军队中被统治者与统治者生活的残酷对比，这样的军队怎么能打仗！

"军需处长"看见水开了，撕开一袋牛肉干，慢吞吞地吃了起来。

陈茂辉估计这位"军需处长"可能是饿坏了，便叫人弄来些小米饭，另外端来些大蒜炒马肝，辣椒炒马肉。

"记者"狼吞虎咽起来，"军需处长"也略略吃了一点，又垂头抽起美国的骆驼牌香烟。

陈茂辉见他似乎没有坦白的意思，便叫人把他们带到一所独立的小房子里。

不一会儿，看押俘虏的战士回来说，那个"军需处长"在磨房里拿一块小石头把头砸破了。陈茂辉走过去一看，他躺在地上，满脸是血。

陈茂辉赶紧叫人从俘虏中找个司机，用刚缴来的一辆吉普车送他到卫生所去。但那个被俘的司机一听是送一个国民党军需处长，就说什么也不干了。他说要他替解放军开车可以，就是不再给国民党军官开车。陈茂辉对他说，这不是给国民党开车，是给解放军开车，劝说了好久，他才把车子开走。

送走"军需处长"后，陈茂辉把那个"记者"带来，严令他立即交代"高文明"是谁。这家伙"扑通"一声跪到地上，浑身颤抖着说："我交代，我交代！他……他是……杜、杜长官。"

原来，这个"军需处长"，就是国民党中央委员，徐州"剿总"中将副总司令杜聿明。

早晨，工作了一夜的毛泽东靠坐在办公室里的藤椅上，微闭着双目。李银桥走过来，轻声对主席说："主席，梳梳头吧？"他知道毛泽东喜欢用梳头的方式来消除疲劳，缓解日夜紧张的思绪。

毛泽东点了点头。

过了一会儿，毛泽东缓缓地说："银桥呵，淮海战役结束了，你说说看，这场战役哪个人的功劳大呀？"

李银桥想了想说："我说华东野战军粟裕的功劳最大……"

"是么！"毛主席平静地说，"淮海战役，粟裕立了第一功！"说着，毛泽东用手指一指办公桌上的香烟，"给我吸一支烟。"

李银桥转身去拿了烟来，给毛泽东点着火。毛泽东坐在藤椅上，吸着烟又说："华东粟裕，很是个将才哩！淮海战役共歼敌55万，用了65天，单粟裕指挥的部队就歼敌44万，占了歼敌总数的80％，了不起么！"

李银桥继续细心地为他梳着梳着，突然惊奇地发现一根白头发。

"哎呀，主席，你有白头发了，拔下来吧？"李银桥问。

"拔吧。"毛泽东说。

李银桥小心翼翼地拔下那根白发："主席，你看。"

毛泽东没有接，只是用眼睛凝望着。

"噢——"他轻轻呵出一声，用略带沙哑的声音慢慢说：

"一根头发，一个胜利，值得！"

……

淮海战役结束了，内外交困的蒋介石被迫于1月21日宣布"引退"。

对此，毛泽东心明如镜。他引用"农夫与毒蛇"的寓言故事来告诫人们，对于蒋介石绝不能抱有任何幻想。他说："敌人是不会自行消灭的。无论是中国的反动派，或是美国帝国主义在中国的侵略势力，都不会自行退出历史舞台。"

毛泽东郑重宣告："将革命进行到底。"

伟大的时代造就伟大的历史人物，20世纪的中国是产生巨人的时代。在这个世纪的中国历史舞台上，活跃着众多的风云人物，其中不乏世界级的政治家、思想家、军事家……毛泽东无疑是其中最杰出的一位。实事求是地说，蒋介石也是本世纪中国最有名的人物之一。历史造就了毛泽东这一伟大人物，中国人民选择了毛泽东；同样，历史也造就了毛泽东的对立面，这就是蒋介石。

历史把两位巨人推上他们各自所代表的两种势力的最高地位。因而，20世纪中国具有决定意义的两种命运、两种前途的斗争就集中在他们两人身上。他们的智慧、能力、性格、人格、思想等对历史产生着如此巨大的影响，这在中国历史和世界历史上都是罕见的。可以说，

毛泽东和蒋介石

两位巨人多年的生死较量既是两种主义之争，也是中国两种命运和前途决战的集中体现。

在这场两种命运与前途的较量中，蒋介石的绝顶聪明终于败给了毛泽东那无与伦比的智慧。

六、各种统计表及两军战斗序列表

解放战争时期解放区面积人口城市发展统计

时间 项目	战争开始时 (1946年7月)	第一年度末 (1947年6月)	第二年度末 (1948年6月)	第三年度末 (1949年6月)	第四年度末 (1950年6月)
面积(平方公里)	2285800	2199600	2355200	2962800	8495500
人口(人)	136067000	131060000	168114000	279274000	482532000
城市(座)	464	417	579	1061	2136

注：①第四年度末之人口统计是根据各区发表的人口数字统计而成，实已超过过去发表之全国475000000数字。

②第四年度末之城市统计，包括解放前与解放后之新设县城在内。

解放战争四年消灭敌军兵力统计

年度	消灭敌军人数		
	正规军 (人)	非正规军 (人)	合计 (人)
第一年度(1946年7月至1947年6月)	780000	340000	1120000
第二年度(1947年7月至1948年6月)	936050	585350	1521400
第三年度(1948年7月至1949年6月)	2434600	615400	3050000

年度	消灭敌军人数		
	正规军 （人）	非正规军 （人）	合计 （人）
第四年度（1949 年 7 月至 1950 年 6 月）	1391820	988130	2379950
四年总计（1946 年 7 月至 1950 年 6 月）	5542470	2528880	8071350

解放战争四年毙伤、俘虏和起义投诚改编敌人统计

年度 项别	第一年 （1946 年 7 月 至 1947 年 6 月）	第二年 （1947 年 7 月 至 1948 年 6 月）	第三年 （1948 年 7 月 至 1949 年 6 月）	第四年 （1949 年 7 月 至 1950 年 6 月）	四年总计 （1946 年 7 月 至 1950 年 6 月）
毙 伤	426000	540200	571610	173300	1711110
俘 虏	677000	953000	1834010	1122740	4586750
起义 投诚 改编	17000	28200	644380	1083910	1773490
合 计	1120000	1521400	3050000	2379950	8071350

ZHONGWAIZHANZHENGCHUANQICONGSHU

淮海战役我军战斗序列表

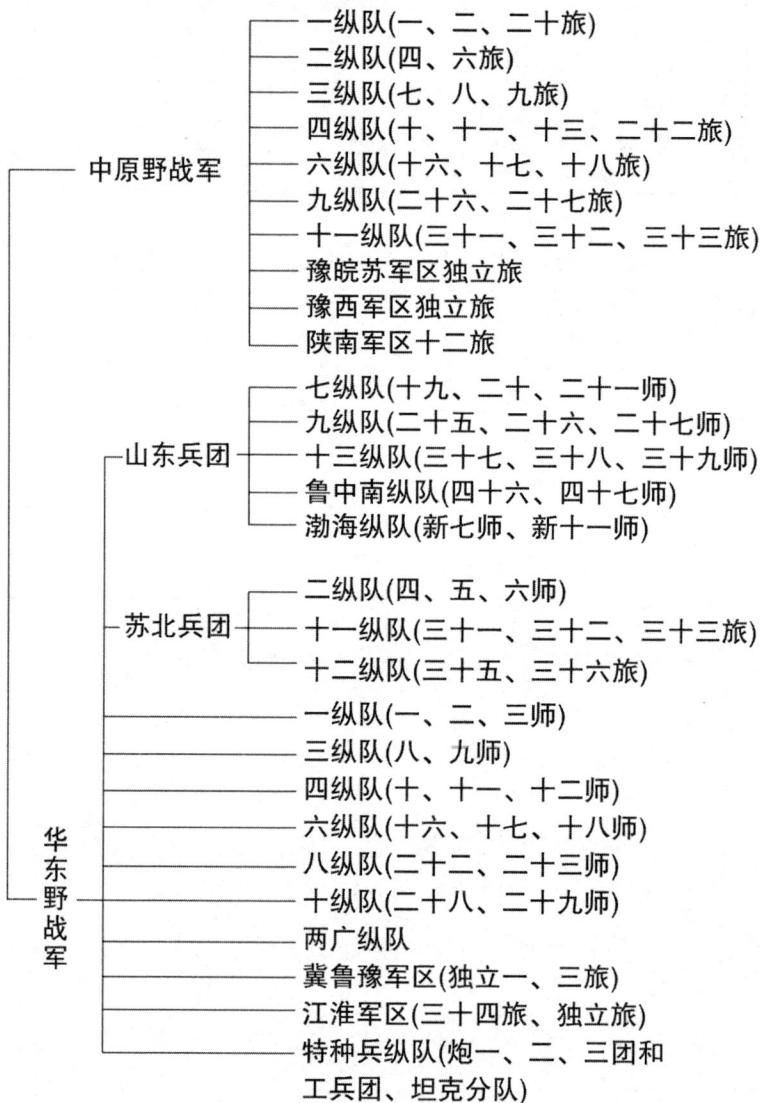

总前委
　中原野战军
　　一纵队(一、二、二十旅)
　　二纵队(四、六旅)
　　三纵队(七、八、九旅)
　　四纵队(十、十一、十三、二十二旅)
　　六纵队(十六、十七、十八旅)
　　九纵队(二十六、二十七旅)
　　十一纵队(三十一、三十二、三十三旅)
　　豫皖苏军区独立旅
　　豫西军区独立旅
　　陕南军区十二旅

　华东野战军
　　山东兵团
　　　七纵队(十九、二十、二十一师)
　　　九纵队(二十五、二十六、二十七师)
　　　十三纵队(三十七、三十八、三十九师)
　　　鲁中南纵队(四十六、四十七师)
　　　渤海纵队(新七师、新十一师)
　　苏北兵团
　　　二纵队(四、五、六师)
　　　十一纵队(三十一、三十二、三十三旅)
　　　十二纵队(三十五、三十六旅)
　　一纵队(一、二、三师)
　　三纵队(八、九师)
　　四纵队(十、十一、十二师)
　　六纵队(十六、十七、十八师)
　　八纵队(二十二、二十三师)
　　十纵队(二十八、二十九师)
　　两广纵队
　　冀鲁豫军区(独立一、三旅)
　　江淮军区(三十四旅、独立旅)
　　特种兵纵队(炮一、二、三团和工兵团、坦克分队)

淮海战役国民党军战斗序列表

徐州『剿总』（刘峙、杜聿明）

- 第二兵团（邱清泉）
  - 五军(四十五、四十六、二○○师)
  - 七十军（三十二、九十六、一三九师)
  - 七十四军(五十一、五十八师)
  - 十二军(一一二、二三八师)
  - 骑兵一旅
  - 七十二军(三十四、二三三、一二二师)(该军于第二阶段归第二兵团建制，其中一二二师系战中重建)
  - 新四十四师(战中重建)

- 第六兵团（李延年）（战中新建）
  - 九十九军（九十二、九十九师)
  - 三十九军（一○三、一四七师)(战中由葫芦岛调来)
  - 五十四军（八、一九八、二九一师)(战中由葫芦岛调来)

- 第七兵团（黄百韬）
  - 二十五军(四十、一○八、一四八师)
  - 六十三军(一五二、一八六师)
  - 六十四军(一五六、一五九师)
  - 一○○军(四十四、六十三师)
  - 四十四军(一五○、一六二师)(该军原属第九绥靖区，战役发起后归该兵团建制)

- 第十三兵团（李弥）
  - 八军(四十二、一七○、二三七师)
  - 九军(三、一六六、二五三师)
  - 一一五军(三十九、一八○师)(该军系战中新建。其三十九师原属四十军，11月份由安阳调来；一八○师原属五十九军，该师起义后蒋介石又将番号交给一一五军)

- 第十六兵团（孙元良）
  - 四十一军(一二二、一二四师)
  - 四十七军(一二五、一二七师)

- 第十二兵团（黄维）
  - 十军(十八、七十五、一一四师)
  - 十四军(十、八十五师)
  - 十八军(十一、四十九、一一八师)
  - 八十五军(二十三、一一○、二一六师)

- 第四绥靖区（刘汝明）（战中改第八兵团）
  - 五十五军(二十九、七十四、一八一师)
  - 六十八军(八十一、一一九、一四三师)
  - 九十六军(一四一、二一二师)

- 第一绥靖区（周碞）
  - 四军(五十九、九十师)
  - 二十一军(一四五、一四六师)
  - 五十一军(一一三师)

- 第三绥靖区（冯治安）
  - 五十九军(三十八、一八○师)
  - 七十七军(三十七、一三二师)

- 一○七军(二六○、二六一师)
- 六十六军(十三、一八五师)(位淮南)
- 二十军(一三三、一三四师)
- 二十八军(五十二、一九二师)

该三军战役后期为预备队

171

ZHONGWAIZHANZHENGCHUANQICONGSHU